秒回表達力

瞬時に「言語化できる人」が、うまくいく

荒木俊哉——著
〈株式会社電通 廣告文案撰稿人〉

前言

又快又有料的回覆，是如何練成的？

「**明明有很多想說的，卻沒辦法好好表達……**」，是許多人的煩惱。

例如在開會時，被主管或同事問到：「你覺得呢？」卻無法好好地說出想法；情急下牛頭不對馬嘴，當下真的有夠丟臉！要是當時能擠出點像樣的意見也就罷了，**但多數時刻，腦袋根本一片空白**。

又例如，在找工作面試時，明明自認企圖心比任何人都強烈，卻無法以言詞準確地傳達想法；言談如果太過天馬行空就容易缺乏說服力，而只知道拾人牙慧，也會被認為「想法膚淺」。

此外，在撰寫企劃案時，明明腦海中浮現隱約的輪廓，卻怎麼也想不出貼切的言詞作出具體的描述；好不容易寫出來了，**卻被批評「不夠具體」、「內**

容似曾相似」而被直接打了回票。

以上這些「無法將想法化為言詞」的情境，是許多商務人士的煩惱，而本書正是告訴讀者如何透過自我訓練，將想法以具體的言詞表達出來。

訓練方法其實非常簡單，將一個問題或主題寫在空白A4紙的最上方，把腦中第一個想到關於這個問題的想法寫在A4紙上，詳細內容在第三章會再說明；要注意的是，寫完一張A4紙的時間，不能超過兩分鐘，以及每天都要練習三個問題（三張A4紙的書寫練習）。

每天持之以恆，養成「言詞表達訓練」的習慣，之後只要有需要，你就能在任何時刻，讓恰當的言詞靈光一現。為什麼只要透過一張A4紙的書寫練習，就能提高表達能力呢？就讓我接著為大家揭曉答案吧！

把話說得漂亮，不等於「表達力」

翻開本書的你，是否也有想法很多、但表達不清的煩惱？本書正是為了苦於「表達能力不佳」的人而寫成，並不是寫給文字創作者的專業書籍，而是適用各行各業的一般人和上班族。

在書中所提到的「（言詞）表達力」，是泛指開會、談判、簡報、製作報告、寫企劃案、及時匯報等工作上必備的「商務能力」。若是缺乏適當的表達力，可能會讓人認為「怎麼會講出這種不經大腦的話」、「實在不懂他到底想說什麼」，很難得到好的職場評價。

然而，儘管表達能力如此重要，但在平常幾乎完全沒有訓練的機會。前面提到在許多場合無法好好表達的人，通常會從書店琳琅滿目的「溝通類書籍」尋求解方。

只可惜，即使學習再多這類書籍中的技巧，依然無法提高表達能力。因為目前市面上所有和溝通能力有關的書籍，都著重在如何「巧妙地表達」說話內容；換句話說，**這類書籍所談的「表達技巧」，都屬於「已經知道如何將想法說出來」之後的階段。**

學了再多話術，也無法提升表達能力

表達的技巧
（多數溝通書籍）

該怎麼說？
＝後期階段

例
「這個工作拜託你。」
↓
「謝謝你以往的協助，這個工作能再麻煩你嗎？」

≠

言詞化的能力
（本書）

要說什麼？
＝前階段

例
在會議中被問到意見時，把想法化為「言詞」。

「表達的技巧」，是「聰明地表現」已經言詞化的說話內容；
「言詞化的表達能力」則是「把腦中想說的內容化為言詞的能力」。

這就如同學習再多料理的烹調技術，依然無法提高食材本身的品質；無論後期階段的「話術技巧」學得再怎麼嫻熟，依然沒有解決前期階段「將想法化為言詞」的問題。

如果你煩惱的是如何把想法以清楚的言詞說出來，就不該執著於怎麼把話說得漂亮或是如何有技巧的回話，而是先訓練自己如何好好表達想法。

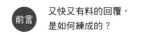

表達的「能力」比「技巧」更重要

很抱歉現在才自我介紹，我是荒木俊哉，在電通廣告公司已擔任十八年的廣告文案撰稿工作。

一提到文案撰稿人，許多人可能誤以為我們是靠高超的「表達技巧」謀生，**但實際上這個職業的工作，都是先從表達能力、也就是將想法輸出成言詞開始。**

或許你會感到意外，文案撰稿人最初的工作，就是聆聽（廣告）客戶的聲音。多數客戶對於他們的商品或服務雖然有強烈的想法，但絕大多數都無法轉化成貼切的言詞。因此，撰稿人必須先從客戶端蒐集資料，理解「該說什麼」才能傳達出他們的想法，並將這些想法轉化成文字或言詞。

接著再問問自己，從消費者的觀點來思考，他們對這些文字或言詞有什麼感受，檢驗「該怎麼說」，最後才寫出廣告詞。

在這個過程中，必須將客戶的「想法」一而再、再而三地轉化成文字（言詞），最後再思考「該如何說」。講得極端點，最後這個「如何說」的階段可能只占整件工作的5％，文案撰稿人的工作，**有95％是將想法轉為具體言詞的作業**。

話雖說如此，其實我過去也完全不擅長這麼做，無法將客戶的「想法」好好地轉化為文字和言詞，看了前輩寫出經過轉化後的文案，我甚至提不出任何意見；當時前輩問我有什麼看法時，內心其實完全不知該說什麼才好……。

而且更重要的是，**當時還無法順利做到「言詞化」的我，寫出的廣告詞幾乎完全無法打動人心**。網路廣告以數字殘酷地呈現出消費者的反應，差到讓我對客戶充滿愧疚，而什麼廣告大獎對我而言，根本是遙不可及的夢想。雖然學過所謂的「表達技巧」，卻無法提升撰寫文案的能力，直到有一次我突然領悟，原來問題本質出在我的表達能力、也就是將想法轉成言詞的能力太差。

細思之下也是理所當然，**真正能打動人心的，是「說了什麼」，關鍵在於實質內容**；空洞的內容再怎麼費心說得天花亂墜，人們也能敏銳地看穿那只是表面的包裝。

不論穿上多麼漂亮的衣服來打扮自己，最後人們重視的都將回到「內在」。相同的道理，「實質的說話內容」才能產生語言的力量，溝通的本質就是「言詞化的能力」。

秒回思考力的書寫訓練

我察覺到「言詞化能力」的重要性，開始努力地自我訓練，在歷經各種嘗試錯誤後，最後發掘出本書中「言詞化能力」的表達力訓練方式。

自從開始這個訓練以後，我的人生發生了很大的改變，而且不是漸入佳境式的緩慢改變，而是脫胎換骨般的急遽變化。

在獲得日本國內的廣告文案獎之後，很幸運地連續榮獲日本國內外共計二十座以上的獎項；過去表現始終差強人意的我，竟然接連獲得全球三大廣告獎中的坎城國際創意節（Cannes Lions），以及被譽為設計界奧斯卡的 The One Show 廣告創意獎。

此外，也收到了許多被文案吸引而來的工作委託，請我負責國際性活動的概念設計（Concept Making），或是擔任海外國家層級的企劃活動等，至今承攬過全球五大洲、共二十多個國家的廣告文案工作。

我也受到大學及企業的邀請，參與演講或研習活動，並得到許多參加成員的正面回饋——

「現在即使突然被要求發表意見，我也能立即說出明確的回答。」

「我的言談更加具體，說服力明顯提高了。」

「現在能把想說的話確實地表達出來，也時常被人稱讚『你的意見很一針見血』。」

「表達能力並不是與生俱來的才能，而是任何人都可以透過訓練養成。只要掌握這個方法，相信任何人都做得到。」

那麼，我又是如何快速提升「言詞化」的表達能力呢？其實，只是「將浮現腦海的想法」寫在A4紙上、將想法輸出為文字的練習。

把「想法」具體化的書寫練習

可能許多人會納悶「為什麼是寫筆記？」一提到筆記，多數人都認為那只是「記錄的工具」。不過，我希望透過本書讓大家知道，寫筆記還有更厲害的功能，那就是「可以將想法文字化、具體化的工具」。

我們絕大部分的模糊思緒，通常幾乎都沒有以「言詞／文字」的形式儲存在腦中，而只是以如同薄霧般朦朧的曖昧意象狀態存在，就像是「感覺」或「概念」。當人們只是說話或在腦中思考時，有許多事情在不知不覺中就會停留在模糊不清的意象狀態，無法轉化為言詞。

相對的，**「書寫」則是必須將這種模糊的感受或概念，轉化為能具體表達的「文字／言詞」**。雖說是理所當然，為了寫下來，就必須把平時「模糊的思緒」具體輸出轉換成言詞，等於強迫自己置身於「必須要將想法具體地文字化」的狀態，而這樣的實際行動，就是書寫。

當漸漸習慣本書使用的言詞化表達練習，把腦海中模糊的意象不斷地轉變為明確的文字，這麼一來，增加平時腦中的「明確言詞」、**提高腦中「文字顯現的解析度」**，就能在緊要關頭信手拈來所需的語彙。

另外，可能有人會覺得自己「腦中一點想法都沒有……」，其實原因也是相同的。這樣的人只是有模糊的意象、解析度低到幾乎看不見，但實際上一定存在自己的想法。

首先試著一點一點地寫出腦中已經有的想法，**「什麼都好，總之，先寫出一項試試看」的嘗試非常重要！**讓寫出的這一段話、一個詞猶如觸發點，產生拋磚引玉的作用，藉由寫下來的第一個想法，聯結到腦中其他原本模糊的意象（想法），也能自然而然地文字化。

然後，更進一步將一段段文字化的言詞寫在筆記上，會再次成為觸發點，讓其他的「模糊意象」也能轉化為具體的文字言詞。

每天重複這個循環的過程中，你的言詞解析度會愈來愈清晰，最後就能讓你的言詞表達既具體又明確。運用筆記工具，是為了「把思考言詞化」而使用，發揮思考的真正價值。

訓練出能立刻「秒回」的表達力

說雖這麼說，也不是要做什麼費力的練習，只需不斷地把浮現腦海的想法一一寫出來即可。

不過，**時間限制是「一張A4紙兩分鐘」，每天三張，總計寫六分鐘，把這件事當成每天的習慣。**這樣的練習就足以在短期內飛快提升你的言詞化能力；只需要兩個星期，你應該就能感受到：「咦？竟然文思泉湧！」

把時間限定在兩分鐘以內，不只是為了讓再忙的人也做得到，而是因為我平時在撰寫文案時就感受到：藉由提高一點難度的時間限制要求自己，更能專注於把想法具體地文字化。

在會議上被問到意見，或是面試時突然被提問、企劃書一直停滯不前等等……，不論任何時候都能靈光乍現，找到一針見血的詞句並回覆。本書的言詞化能力訓練的終極目標，就是像這樣達到極致秒回表達的狀態。

兼顧表達的「速度」及「深度」

若能做到秒回表達，不只能加快找到語彙的「速度」，也能將說話內容的「深度」提高到最大極限。有些人能夠毫不猶豫地講出觸及核心的意見，往往是因為他們可以在瞬間就說出來。我們常會誤以為，要透過深思熟慮才能產生具有說服力的話語，其實相反！我們必須兼顧言詞的速度與深度。

你完全不需要過度繃緊神經，反而要盡可能地放鬆心情投入文字語彙化的練習，這樣能更容易、更流暢地產生更多言詞。此外，這個練習的目的是進行「（將自己的想法）言詞化」的訓練，並不是為了在別人面前展示，因此不需要求字跡工整漂亮。

最後，簡單地介紹本書各章的內容——

第一章，探討「為什麼言詞化能力如此重要」的原因。

第二章，則要介紹「如何才能把想法轉化為言詞」，以及「為什麼要用A4紙」，更加具體地解說練習的結構。

第三章，介紹如何增強言詞化能力的具體書寫練習過程；第四章的「實踐篇」，則是模擬不同的商務場合，並提供具體的訓練範例。

最後在第五章，是為了希望更進一步磨練言詞化能力的讀者，補充說明更多的訓練方式。

另外，如果天天練習的話，可能會不知道該提出什麼問題，因此隨書附贈「秒回表達力五百則訓練題庫小冊」，提供給各位讀者練習時的參考。

衷心期盼各位能實踐本書的方法，感受到「隨時都能秒回表達」的喜悅，那就再好不過了！

目錄

前言

又快又有料的回覆，是如何練成的？

第一章

說話的「內容」，比「技巧」來得重要！

第二章

讓「想法」具體化的技術

第三章

一張A4紙的「表達力」書寫訓練

第四章

表達力書寫訓練：12個超實用的職場對話範例

第五章 讓秒回表達更有深度的專家級練習

結語

第一章

說話的「內容」，比「技巧」來得重要！

在一場公司會議上，
經理正在徵詢大家的意見，
同事們都暢所欲言地發表。

但你的內心卻忐忑不安，
正暗暗祈禱「希望經理不要叫我」時，
你最害怕聽到的一句話來了——

「○○，你認為呢？」

能不能在這時提出確實有用的意見，
可能攸關你的考績與升遷。

這樣的場合，正是表達能力大顯身手的時機！
「這個時代，『表達力』是影響個人評價的關鍵」，為什麼？
我們就先從這一點談起吧！

解決「有想法，卻難以表達」的煩惱

這一章我希望先談「言詞化能力」在工作上有多重要，同時又能成為你多大的助力。接下來，我們一起來深入理解這項能力的必備性和重要性吧！

就如同我在〈前言〉中說過的，本書並不是針對創作者而寫，而是適用於各行各業一般上班族的書籍，主要的著眼點完全都是為了解決在職場上的各種狀況中需要言詞化的煩惱。

我們通常都會認為，人人會使用言詞是理所當然的！太過習以為常之下，以致於幾乎不會意識到，這其實是一項技能。

那麼，本書主題的「言詞化能力」，究竟是什麼呢？這項能力並不是單純讓口才流利或文章寫得更好，而是指更深層次的能力。在本書中，若要一句話來定義，我會說是**「把模糊意象轉化為清晰言詞的能力」**。

然而，所謂「模糊的意象」又是什麼呢？那就是我在〈前言〉所提到，腦海中朦朧不清的印象、感覺或概念。**「雖然有話想說，卻無法順暢地表達……」，當有這種心焦如焚的感受時，正是無法「言詞化」的時候**，本書的目的正是要解決這個問題。

首先，為了讓言詞化能力更具體，我想舉出現實的職場上各種不同的商務場景為言詞化能力而煩惱的狀況。

翻開本書的你，想必也有類似的困擾，放心吧！為了表達能力不佳而暗地裡煩惱的人，你並不是唯一的一個。

說服、談判、溝通，都需要有效率的表達力

會議中出現的尖銳提問，絕不能附和就好

雖然我目前在廣告公司任職，但不論各行各業，相信你在平時的工作中也經常參加各種不同類型的會議。其中，是否有重要性較高的簡報會議呢？

當你遇到大型的簡報會議時，可能需要花好幾個星期甚至好幾個月的時間，針對客戶的需求、絞盡腦汁地把想法做成提案。雖然依據各行各業而有不同做

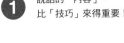

法，但在實際的會議上，一定有許多共通點。

正在閱讀本書的你，我想必然是冥冥中的機緣。因此，先以我服務的廣告公司人員平時對客戶的簡報為例，一起思考其中衍生出關於表達力的煩惱吧！

以下是一個假想情境，你的身分是「廣告公司的員工」，正在參與一個對客戶簡報的會議上——

假想情境──會議　客戶簡報篇

客戶：食品公司

簡報內容：美乃滋的新廣告

簡報出席人員：客戶約十人

廣告公司成員為十人（包括你在內）

簡報即將開始。你以廣告公司成員的身分參與這場會議，坐在你旁邊的是廣告企劃的組長，口沫橫飛地說明花費許多時間才擬訂的廣告企劃案。

有別於過去稍嫌一板一眼的廣告，這次的新企劃著重在給消費者深刻的印象。簡報大致說明完畢後，客戶方的各部門負責人紛紛表達意見。

「非常感謝你們提供這麼有趣的企劃。」

「採用這位藝人代言的話，商品形象想必能耳目一新。」

「我覺得這次的廣告文案能夠令人印象深刻。」

客戶方紛紛提出好評，你看了一下坐在一旁、負責簡報的組長滿臉掩不住喜悅的神情。

就在這個時刻，其中某一位看似難搞的客戶提出質疑。

客戶：「確實能令人留下深刻印象，但是……」

組長：「請說。」

客戶：「這個廣告，真的對我們公司的美乃滋銷售有幫助嗎？」

組長：「……」

重視廣告衝擊性甚於一切的組長，因為突如其來的問題一時語塞。

於是，客戶向坐在隔壁的你拋出相同的問題。

客戶：「你認為這個廣告，能讓我們公司的美乃滋賣出去嗎？」

現在所有出席簡報的成員目光都聚集在你身上。

你會怎麼回答呢？

也許你平時的工作，不需要做廣告企劃案的簡報，但是，或許你曾經有過類似的簡報場合，因為突如其來的尖銳提問，使得氣氛瞬間變得尷尬的情境。

遇到這樣的時候，**因為不知道如何回答，只能唯唯諾諾地先應和對方**：「您說的是……」又或是保持沉默，任憑時間一分一秒流逝；**又或者是，為了打破無言的尷尬氣氛，結果完全無法好好整理思緒、想到什麼就說什麼**，結果發言內容偏離主題。

如果這個情境題讓你回想到以前曾發生的類似狀況，相信透過書中將想法言詞化的訓練，一定可以解決這個問題。接下來，我們再看一個為職場上的溝通表達而煩惱的商務場景。

很有想法、卻總是被說老套的企劃書

應該有很多讀者在平時的工作中，經常必須整理資料報表或撰寫企劃書，這是我個人的工作常態，幾乎天天都得寫。也許有人會認為，文案撰稿人的工作只需要寫廣告文案就好，其實並不然，其他林林總總的工作比想像中的多。

然而，當你在寫資料整理或提出企劃書時，會注意什麼事情呢？雖然行業不同，書寫方式也有差異，但各行各業的資料或企劃書，一定會使用某個共同的東西，那就是「文字言詞」。

然而很不可思議的是，平時似乎理所當然地使用「言詞／語彙」，一旦要製作成企劃書或資料時，**適切的用詞卻經常卡關，常常只能拾人牙慧，堆砌出一些陳腔濫調的文字**。

而且，有時因為太在意文件的格式，在重新讀過所寫的內容後，才發現真正想表達的重要內容卻沒有完整地呈現。你是否曾有這樣的煩惱呢？

我認為其中的原因，就出在言詞化能力的不足。如同在本章開頭說過的，所謂的言詞化能力，是把模糊意象轉化為清晰言詞的能力；你總不可能想都沒想、就開始埋頭寫企劃書或資料，一定是為了達成某個目的而寫。

也許是希望把構想或創意傳達給主管或客戶，又或許是打算提出新的行銷提案；因為有這些目的，所以在實際書寫以前，在腦海中應該已經有一些想法了。

然而，一旦要寫成文字，卻怎麼也寫不好！這正是因為腦海中思考的模糊意象或想法，無法準確轉化為言詞的關係。

懂得「說話技巧」，不代表有「表達能力」

前面談到會議、簡報、企劃書、資料整理等商務場合中，需要將想法轉為言詞的困擾。我個人在最近幾年，也切身感受到其實有許多人都有不知如何「言詞化」的煩惱，尤其是在逛書店的時候，這種感受更為強烈。

最近幾年書店的書架陳列各式各樣有關「說話技巧」的書籍，被分類在「溝通」，如果你也曾經讀過這類的書，感想是什麼呢？

我可以十分肯定，這些闡述說話技巧的書籍，無法解決關於言詞化煩惱的本質問題！因為「表達內容」和「表達技巧」，本來就是截然不同的能力。

溝通分成兩大類：「說什麼」和「怎麼說」

先談談什麼是「使用言詞溝通的本質」，讓各位了解差異在哪。溝通，可以分解為「說什麼」和「怎麼說」。例如：

- 用「不好意思～」當作開頭。
- 比起「你應該更努力」，不如說「我們一起學習」。
- 要舉實例說明，比如說「簡直就像○○」。

以上這些建議，都是「怎麼說」，加一段開場白、改變說法、舉例等等，都沒有改變「說的內容」；這些「怎麼說」的訣竅，就是說話技巧。

「說什麼」和「怎麼說」

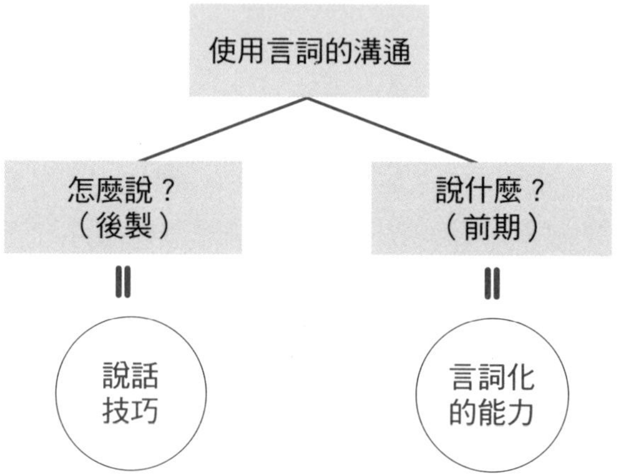

相對的，當我們要說什麼事情，在思考「怎麼說」之前，就應該要思考說的內容，也就是要「說什麼」，為此而需要的技巧，就是言詞化的能力。

有料的表達內容，讓職場評價大加分

相信你現在應該理解，即使學習了再多的說話技巧，也無法養成言詞化能力的原因了。

「說什麼」與「怎麼說」都是溝通過程中的技巧，只是分別屬於不同步驟。學了再多「怎麼說」的技巧、再怎麼精進話術，也無法改變「說什麼」的內容本質。

那麼，究竟「說什麼」和「怎麼說」，哪一個比較重要呢？我想以開會為例，更進一步詳細說明。在這個例子當中，你依然是主角，但稍微轉換一下角度，這一次你是聆聽意見的一方。

假想情境—會議 公司內部

會議內容：新商品促銷海報設計的檢討
出席人員：包括你在內四人
※二款設計海報並排

會議桌上放著兩張接下來要銷售的新商品促銷海報方案。你是這個小組的組長，正在聆聽其他成員對於這兩個方案的意見。

你：「A認為哪一個方案比較好？」
A：「嗯……我覺得是第一個方案……」
你：「為什麼呢？」
A：「嗯……總覺得這一個整理得比較好看……」
你：「B認為哪個比較好呢？」
B：「嗯……我應該也會選第一個方案……」
你：「哦？為什麼呢？」
B：「呃……嗯……這一個比較簡潔，所以我比較喜歡……」
你：「原來如此。」
C：「我認為第二個方案比較好。」
你：「為什麼呢？」
C：「新商品的概念是『忙碌的主婦也能輕輕鬆鬆』，我認為第二個方案更容易讓人了解這是以主婦為客群的商品，『輕輕鬆鬆』的文字也很醒目，所以我認為很符合商品概念。」

聽完三人的意見，你會採用哪一個呢？

如果你是組長，當你聽完三位成員的意見，會認為哪個方案聽起來比較好呢？三位成員中的A和B，雖然說法不同，但其實兩人說的都是「喜歡簡潔的表現」，都是指同一件事。只有C才是「說了什麼」，也就是講述「內容」。

說實話，**A和B說的話欠缺「具體性」，因此毫無說服力**。想必這兩人腦袋裡只有模模糊糊的意象，幾乎無法好好地說明自己的想法，也就是言詞解析度很低。絞盡腦汁、才好不容易擠出「覺得這一個整理得比較好看……」、「這一個比較簡潔」，而且說出的內容是可能隨便一個路人都講得出的評斷。

相對的，**C則不是人云亦云的斟酌說話技巧，而是具體地表達出了想說的**

內容，完美地把腦中模糊的意象，成功地轉化為明確的言詞，言詞解析度非常高。和其他兩位成員不同，能將腦中的意象確實地言詞化並表達出來，理所當然地給人「有自己獨特的觀點、提出了讓人眼睛為之一亮並具有說服力的意見」這樣的印象。

雖然不知道你對這三人的意見哪一位較有共鳴，但至少團隊裡如果有像C這樣能夠清楚陳述意見的人，身為帶領團隊的你，應該會覺得C更值得信賴，不是嗎？

在這次的假想會議中，你以領導者的立場聆聽意見，但是在平時的工作上，你可能也像ABC這三個人一樣，有許多被徵詢意見的機會。

這種時候，自己內心雖然有一個模糊的意象，卻無法清楚轉化為言詞、好好地表達意見，又或是說不出令人眼睛一亮、具有說服力的建議。

這些煩惱的根本原因，不是欠缺「如何說」的技巧，而是因為大腦還無法把「說什麼」整理好並轉化為言詞；**而其他人給予評價的基準，是被徵詢意見**

的你「說了什麼內容」。

你的意見中，有沒有提問者沒想到的觀點？有沒有新發現？這才是透過溝通來提升職場評價的一大重點。

前面提到關於說話技巧的書籍，內容描述幾乎都是聚焦在「怎麼說」的部分，若是沒有整理「要說什麼」並加以言詞化，即使再怎麼思考後面階段的「該怎麼說」，很遺憾，你依然無法解決真正的問題。

打動人心的關鍵，在於內容本身

如果你問一個沒從事過廣告文案撰寫的人：「你認為廣告文案寫手，是什麼樣的工作？」通常得到的答案是「思考廣告詞的工作」，換句話說，就是「思考『怎麼說』的工作」。當然，這個答案不能說是錯，只不過「思考廣告詞」只是廣告文案寫手工作的一部分。

先說結論：話語能否打動人心，幾乎都是取決於說了什麼，這麼說絕對不

誇張。這就是為什麼我們花在思考要說什麼的時間占了整件工作的95%，言詞化能力才是展現廣告文案寫手能力的關鍵。

那麼，為什麼言詞能否打動人心，是取決於說了什麼呢？有關其中的原因，我想以廣告文案寫手的工作為例，更進一步具體說明。

比方說，現在接到一個汽車廣告的文案工作。這種情況我們通常會分為兩個步驟來思考文案，那就是「What to say」與「How to say」。講得更清楚一點，「What to say」就是「說什麼」，而「How to say」則是「怎麼說」。

機會難得，就當作鍛鍊頭腦，我們一起來思考汽車的「What to say」吧！如果是你，會想到什麼樣的「What to say」呢？

提到汽車有什麼魅力能打動消費者，進而喜愛那輛車、希望擁有那輛車？這沒有所謂的正確答案。思考「What to say」時，重要的是不要拘泥在隻字片語或措辭，而是把想到的不斷寫出來。事不宜遲，現在就請你試試看，試著思考一分鐘，再接著參考以下的範例。

■關於汽車的吸引力——「What to say」

- 設計美觀
- 色彩迷人
- 任何人都能輕鬆地駕駛
- 大小感覺剛好
- 能容納全家人
- 長時間搭乘也不容易疲倦
- 節省燃料費
- 可以載送大量行李
- 充滿製造者的巧思與講究
- 有世代進化的歷史演進感
- 是許多人的購車首選廠牌

除了上述列出來的內容，我想還有許多有關汽車的「What to say」，而你想到多少呢？是否因為時間太短而苦惱？是否覺得對於汽車有一些模糊的想法、卻難以用言詞表達出來？我希望你現在能感受到的，正是這一點。

汽車應該是日常生活幾乎每天隨處可見的交通工具，走在路上，到處都有行駛中的汽車，打開電視也看得到汽車廣告，而且也有人是每天開車上下班，對吧！

然而，問到汽車的魅力，本應要能夠如數家珍地迅速回答，但卻出乎意料的困難！為什麼回答不出來呢？那是因為平時的感受或想法，並沒有在腦中具體地轉化為一句句的言詞。

你的想法、意見和感受，都是在腦中以模糊朦朧的狀態或意象保留下來，因此對於突如其來的問題，難以立刻轉化為言詞說出口。也就是說，在需要溝通或表達時，會一下子不知道要說什麼。

表達，就是要有個人的獨特觀點

為什麼撰寫廣告文案的過程中，「What to say（＝要說什麼）」如此重要？因為「新觀點」才有吸引力，才能讓人願意採取行動。

看到汽車廣告文案的人，若是能夠想到「原來如此！我以前都沒想到這一點，原來從這個角度看，汽車有這樣的魅力啊」，就是很大的成功，正因為這樣獨特的觀點，讓看到廣告文案的消費者願意採取行動。

不只是廣告文案，平時的溝通也是相同的道理。剛剛說的促銷海報案例中，三個人裡面只有C具有獨特的觀點，而且我們對於這個具有「獨特觀點」的意見感到耳目一新。

平時的工作中，相信你也曾對「這個人說的事情，能讓我有新發現、新啟發」的人，自然而然地產生好感或敬意。

相對的，在思考「怎麼說」的說話技巧時，要表達的觀點和主張並沒有改變，只是改變了陳述方式；**為了有新的觀點，必須思考要「說什麼」，這會讓他人對你的評價有極大的變化！**光是能讓讀者理解這一點，這本書就有其意義了。

當然，思考「How to say（＝怎麼說）」也是廣告文案撰寫人的重要工作；透過修辭或使用有效的數字等各種技巧，但這個部分我打算暫且不談，因為在各種教授表達技巧的書籍中所提供「怎麼說」的建議，無法從根本解決你的問題，很難快速提升你的個人價值。

該如何有技巧地回應？該怎麼說才能展現魅力？這些說話表達的技巧也很重要，但在溝通中都是次要的技術。如同我在〈前言〉所說，不論穿的衣服多麼華麗，最後的關鍵仍在個人的內涵，大概就是這樣的感覺。

你不必說得天花亂墜、口沫橫飛，你身邊的人想聽到的是你的想法準確轉化成言詞的意見與觀念，也就是你「說了什麼具體內容」。

以上就是我從廣告文案撰稿人的思考，把溝通分解為「說什麼」與「怎麼說」，而「說什麼」比任何技巧都重要。

事實上，我認為這件事愈來愈重要，這也和 COVID-19 造成的影響而產生工作型態的變化有關。

「有想法、會表達」的溝通軟實力

大家都知道由於 COVID-19 的疫情帶給人們的生活巨大的轉變，工作方式也隨之發生巨大變化。不論 COVID-19 往後的流行狀況如何，愈來愈多企業引進遠距離工作，相信大家跟我一樣，參與線上會議的次數大幅增加。

當線上會議成為日常的自然工作型態時，我也有強烈的感受到，相較於面對面的實體會議，出席線上會議者的關係更加對等。線上會議沒有座次的尊卑之分，討論議題時能夠更加不受實體會議中重視的頭銜或從屬關係所侷限。

以我經常參加的企劃會議來說，以往的面對面會議，資深、嗓門大、本位主義強的人，意見較容易被採納；相反的，聲音較小的新人意見容易遭到忽視。但是在線上會議中，與會人員能更加容易公允地判斷創意本身的好壞。

這是為什麼呢？我也曾思考其中的原因，並試著用自己的角度分析答案。我認為，是因為線上會議能夠更加冷靜地聆聽對方發言，而發言者也能把意見表達得更完整。

例如，即使是有威儀的主管在發言，但他人在螢幕的另一頭，因此能夠退一步冷靜地聆聽。相反的，經驗還不足的成員，也不需要過度顧慮當場的氣氛（即使想顧慮現場氣氛也有侷限），能更容易地暢所欲言。因此，與會者能夠更聚焦在發言的內容。

由於線上會議增加，能形成一種氛圍——即使是新進員工，只要在會議中能有一針見血的發言，其他與會人員也能自然地接受，「哇！這個菜鳥說的一點也沒錯」。反之亦然，自己的想法或意見無法順利化為言詞，說得含含糊糊，或是無法順利表達導致氣氛尷尬而試圖唬弄過去時，也有可能比實體會議來得讓對方更加失望。

換句話說，現在是臨場「要說什麼」的言詞化能力，更加受到考驗的時代。不知是幸或不幸，今後這項能力將愈來愈受到重視，而現在閱讀本書的你，自然是已經注意到這一點的人（我認為這是非常厲害的）。

會議上突然被問問題卻張口結舌，談生意時連自己在說什麼都搞不清楚，又或是書寫企劃案時不知從何下筆。

我能信心滿滿地向你保證，本書將解決你日常工作上對言詞的困窘或苦惱，讓周遭的人對你刮目相看，也能更積極愉悅地投入工作。

讀到這裡，你或許認為，**「我已經知道在工作上表達能力很重要，就是因為不知如何把想法轉化為發言而煩惱呀！」**

請放心！下一章我將說明「為什麼人們無法順利將想法言詞化？」分析其中根本原因的同時，也會清楚說明「如何將想法轉化為言詞？」

第二章

讓「想法」具體化的技術

清晨，你走出家門。
一如往常走向最近的車站。

現在，你感受到了什麼呢？

你是否認為「不，並沒有什麼特別的感受」，
其實不然，你在日常生活中確實有感受到什麼。

人們從來都不會「毫無感覺」，
只不過「明明有感受到某些事物，卻連自己都沒察覺」。

先認識到這一點，
是鍛鍊將想法轉化為言詞的第一步。

那麼，這個「潛意識感受到的事情」，
要如何化為言詞呢？

接下來就談談「轉化的結構」吧！

內向？社恐？表達能力和性格無關！

在第一章的內容，談到「說什麼」比「怎麼說」更重要，同時也說過，訓練「要說什麼＝言詞化能力」的重要性。但是，想必多數讀者不免納悶：「話雖如此，但實在不知道，究竟該怎麼做才能培養言詞化能力……。」

首先我要請你放心，不論任何人，一定都能鍛鍊出將想法轉化為言詞的能力。我在從事廣告文案撰寫的工作以前，不是特別有文采，也不擅長寫作。從小就容易緊張、有社交恐懼的我，其實很害怕在別人面前說話。

這世上有人擅長談笑生風、妙語如珠，讓聆聽者不自禁的被吸引，受到感動；相反的，也有人完全不擅長。這和從小培養以及當事人的個性都有很大的關係，也不是長大成人就能立刻學。

實在的說話內容，才能留下印象

但是，**「口才很好」和「表達能力」完全是兩回事**，這是非常重要的觀念。口才好、伶牙俐齒，是「怎麼說」的技巧，而能否言詞化的表達能力，則是「說什麼」的部分。

例如，像我這樣不敢在大眾面前說話的人，只要懂得如何把內在的想法好好地轉成適當的言詞，即使突然被提問，也能把腦中的想法或意見充分表達出來。

這時候，即使因為緊張而結結巴巴、口才不夠流利，也完全不是問題。**對方並沒有期待你要能舌燦蓮花，而是期待你「會說什麼」，也就是說話的實質內容。**

表達能力的重點，是我一再重複強調「說什麼」的言詞化能力，無論是誰，都可以經由訓練而學會。以下是來自實踐本書訓練方法的各方回饋，感覺得出他們滿懷喜悅。

「我開始能在必要的時候，『立即』說出該說的話。」

「自然而然能文思泉湧。」

「能說出『像自己要說的話』，容易獲得對方認同。」

以往不擅長把想法訴諸言詞的我，也因為學會了言詞化的能力，成為專業廣告文案撰稿人。當然，以我來說，若是沒有訓練這項能力，就無法置身在撰稿廣告文案的環境，因此必須一點一滴地磨練出這樣的能力。

難道沒有從事廣告文案的工作，就無法養成這種能力嗎？絕對沒有這回事。只要讓自己置身於「訓練言詞化能力的環境」就行了，完全不需要轉換你的職業。

靠自我練習就能養成的表達能力

只不過，改變環境說起來簡單，實際要做起來卻相當辛苦。即使一開始卯足幹勁，結果雷聲大雨點小，或是中途受挫放棄，就連我以前也很容易陷入這樣的情況。

因此，接下來想與讀者分享的，是我從事廣告文案撰寫工作中的經驗心得，盡可能簡單，不花費過多時間或增加負擔，能自然養成言詞化能力的方法。只要能實踐我說的方法，你必定能感受到，這個能力並非天選之人與生俱來的才能，而是任何人都能經由練習而獲得的。

有關言詞化能力養成的具體方法，我將在第三章說明。在這之前，我希望大家能一起思考，為什麼無法在瞬間立刻說出「當下想說／該說的內容」？為什麼想法言詞化這件事會令大家感到很困難？人們之所以不擅長言詞化的根本原因，究竟是什麼？

當然，若是要直接開始第三章的訓練方法也不是不行，但是如果能了解「為什麼這個訓練有助於『言詞化』」，再進行自我訓練，我相信效果必然不同。而且，只要能了解原因，我相信應該就能解決你一大半的煩惱。

不知不覺中接收到的各種想法和感受

為什麼人們不擅長將想法轉化成言詞？為了一探究竟，我要再次請你擔任假想會議的主角。

在廣告業界，在工作一開始的步驟是「定位」（決定方向、方針）。主要是從客戶端聽取廣告要宣傳的商品概況、概念、目標，以及客戶所思考的廣告策略等等，然後我們再根據這個「定位」內容，思考要採取什麼樣的廣告溝通。

在聽過定位後，通常公司內部會召開「啟動會議」（Kick-off Meeting）。

啟動會議的進行方式或氣氛，我想依據各個業界或公司都會有所不同。在我們這一行，很少從最初的會議就進行直線回答式的討論，多數都是大家不拘形式地提出最近生活上的感受、疑問，在聆聽「定位」後，有關商品的自身感受或意見等等。

通常出席會議的人，事前都尚未進行任何調查或思考周詳的企劃，因此啟動會議的時間，完全就是挑戰如何把想法或意見加以言詞化的時刻。現在，請你一同出席我平時參與的啟動會議，在這之前，先看看以下的基礎資訊。

假想情境　公司內部啟動會議

客戶：啤酒公司

定位概要：啤酒新商品的新年度促銷活動提案

與會人員：包括你在內的六人

聽過定位，公司內部召開第一次的啟動會議，出席會議的其中一人立即火力全開。

「說起來，大家最近一次喝啤酒是什麼時候？」

其他人也紛紛加入話題。

「我在家幾乎每天都喝，洗完澡以後。」

「什麼！我在家幾乎完全不喝。」

「我原本就不太喝啤酒。」

與會人員就這樣暢所欲言地談起與啤酒相關的事情。

接著，討論逐漸深入，會議的主題轉變成「年輕人不喝啤酒」。
這時候，突然有人把球拋到你身上。
「〇〇，你覺得為什麼最近的年輕人不喝啤酒呢？」
當被問到這樣的問題時，你會怎麼回答呢？

倘若對於突如其來的提問，能夠立刻侃侃而談，我想你是屬於平時就能夠自然而然地將想法轉化成言詞的人；相反的，若是無法立即浮現適當回答，可能就是言詞化能力需要更加鍛鍊擴展的時機。

這是我們常有的經驗，當有人突然徵求我們的意見時，不知道該說什麼而保持沉默，或是苦笑著「關於這個問題……」而含糊其詞。這麼一來，可能導致談話中斷，會議陷入尷尬的沉默，而你也在不知不覺中全身冷汗直流。

誰都想盡可能避開這樣的情況，但是為什麼會發生這樣的情景？為什麼無法立即有問必答？這裡面隱藏著無法好好言詞化的根本原因。

為了探究根本原因，我們把話題拉回剛剛的會議吧！在這個會議上，你個人有沒有喝啤酒，並不是什麼重要的問題。

因為喝啤酒與不喝的人，雙方的意見同樣重要，**這裡的重點，是平時對於啤酒「必然有某種感受和想法」**。

先假設你是啤酒愛好者，如果每天晚上都喝，是什麼原因呢？在什麼樣的時刻會讓你想起啤酒？喝下第一口啤酒的瞬間，你想到什麼？應該會有許多其他關於啤酒的想法。

相反的，假設你平時幾乎不太喝啤酒，那麼，你為什麼不會被啤酒吸引呢？看著聚會中喝啤酒的人們時，有什麼感受？是基於什麼原因不喝啤酒？你一定也有類似以上的各種想法。

大部分的生活感受，很容易被忽略

回到剛剛會議中關於「年輕人不喝啤酒」的問題，再稍微深入探討。

你應該也曾在生活中看到過年輕人喝啤酒（或是不喝）的情景，比方說，在居酒屋偶然坐在隔壁座位的四個大學生，沒有人點啤酒來喝。

又或是進公司第一年的後輩，一起吃晚餐時，他第一杯點的是啤酒。

又或者是回家的路上經過便利商店前，有年輕人一邊喝著氣泡酒一邊閒聊的情景。

當我舉出這類的例子時，許多人可能有這樣的反應：

「怎麼可能一一記住這些情景！」

「即使遇過這樣的場景，也沒有特別的感覺……」

其實，這就是盲點。

這些場景在情感上的感受，和投入興趣嗜好等歡樂的時光，或是被男女朋友拋棄的悲傷時刻，無法相提並論。但即使在這些平淡的日常，**人們也不是毫無所感，只是「雖然有感受到某些事，但因為解析度過低，以致沒有發現」**。

事實上，幾乎所有的人都不會在平日生活中，把接收到的無意識感知、異樣感、疑問等等感受一一化為言詞，因為要把這些念頭化為語彙，真的是太麻煩、太累人也太費力了。

那麼，「能夠言詞化的人」和「無法言詞化的人」，兩者之間的差異究竟是從哪裡產生的呢？首先是能否察覺「即使是在每天不經意的日常生活中，也必定感受到什麼」的事實。**而光是有所「察覺」，就能做到言詞化的50％，這**

個說法並沒有誇大。

剛剛舉例有關「年輕人與啤酒」的場景，當你遇到時，必定有所感受，只不過這些感受到的想法沒有在腦海中清楚地化為言詞，因此才會連感受到什麼都沒有察覺。

比方說，看到坐在你隔壁的年輕人都沒點啤酒來喝，你有什麼感受？試著把它具體地言詞化、表達出來看看。

「年輕人真的不喝啤酒呢！」

「現在的年輕人還是一樣會互相乾杯呢！」

「對現在的年輕人來說，氣泡酒已經取代啤酒了吧？」

「雖然曾聽說現在的年輕人不喝酒，但似乎並非如此。」

或許還有其他形形色色的想法，像這樣一一言詞化之後，你一定會很驚訝，自己竟然在一瞬間就掠過這麼多念頭！由於透過言詞，你能因此理解到實際感受的事情。

越在意的事情，反而越講不好？

就如前面所提到的，平時生活中在不知不覺間，其實有許多不同感受及各種發現，只是沒有一一將它言詞化。**實際上，你明明有許多感受或想法，卻幾乎讓它以不清不楚的圖像狀態存放在腦海的深處、原封不動地放在「潛意識下」。**

遺憾的是，如果就這樣放著，你將連自己有什麼感受都無法理解，也因為這樣的狀態，所以不可能把獨到的想法或見解傳達給他人，獲得理解。讓自己理解這些原本模糊的想法後、再以言詞傳達給其他人，才能叫做「言詞化」。

很有想法，卻無法精準表達

另外，我想從自己工作上的經驗，來跟大家談談人們有多麼不擅長把思考轉化為言詞。

文案撰寫的工作中，需要採訪企業經營者或專案負責人，並將採訪內容整理成準確的文字。這些文字，有時會成為企業的願景、使命或價值，又或是企業、商品的標語，我參與這些工作時，強烈地感受到把想法和意見化為言詞的困難度。

經營者或專案負責人透過自己的公司或工作，有著想要開創理想中的世界、貢獻社會的強烈意念。透過我對他們的採訪，他們使用各種言詞，設法把他們的意念傳達給我，但是能夠切中核心、好好傳達的人並不是很多。

不過，希望讀者別誤會，並不是我所訪談的這些經營者或專案負責人口才不佳。既然是經營者，我想平時在公司或各種場合、各種媒體中，把自己的想法化為言詞表現出來的機會應該很多。

既然是專案負責人，平時應該也經常要對團隊成員傳達自己的想法。換句話說，日常使用言詞在公司內外自主傳達訊息的立場，但要能精確地把想法轉化為言詞，卻意外地困難。

那麼，為什麼會很困難呢？其中一個原因，是真正想傳達的事情，連自己都無法找到精準的言詞來表達。

正因為比任何人都在乎公司或專案的未來，所以想得更多，雖然腦中也有一個模糊的輪廓，但把這個意象化為言詞的瞬間，又覺得似乎不太對勁。因為無法轉化為精確的言詞表達出來，所以也無法把自己思考的內容傳達給對方。

我認為連許多經營者及專案負責人，都同樣懷有這樣的煩惱。在面對這些人的時候，為什麼廣告文案撰稿人能把這些想法轉化成精準的言詞呢？

其實，我想這其中應該有能解決表達的困惱、培養言詞化能力的線索。

只是先「寫成文字」，表達力就有驚人變化！

在此稍微岔題說明一下，文案撰稿人平時做哪些工作。尤其是新手文案撰稿人，不論是隸屬公司體制內或自由接案，撰稿人的前輩會給的建議，幾乎都是「總之，寫就對了」。

你或許會認為，這是哪門子的建議？一般而言，部門來了一位新人，不是應該先由前輩教導基本工作規範或做法嗎？若是工作上必須使用公司內部的系統，通常的流程是先由前輩指導，學習基本使用方法，然後自己多練習、掌握使用訣竅，才能熟練地使用。

「寫出來」，是想法轉化成言詞的最佳路徑

但是文案撰稿人的工作，基本上沒有前輩會一步步教你寫文案的規則或做法，再加上現在學校雖然會教授 PowerPoint、Excel 等電腦文書基礎知識，但並不包括廣告文案撰寫。多數的文案撰稿人都是在成為社會人士後，才開始學習文案的撰寫知識。

聽到以上有關文案撰稿人的工作，許多人可能會認為文案撰稿的教育體系非常沒有效率！這一點確實無法否認。

但是，**「總之，先寫寫看就對了」的簡單行動，卻是能讓任何人逐漸把思考轉化為言詞的重要訓練**（就連我個人雖然現在也有同樣的想法，但當時不理解其中的重要性，因而吃了許多苦頭……），在凡事講求效率的這個時代，正

因為這些乍看之下浪費時間的行為，才是自然而然磨練言詞化能力的關鍵所在。

那麼，為什麼「總之，寫寫看就對了」，能夠養成言詞化的能力呢？

或許有人會認為，「只要每天把寫文案當作工作，不論一開始是多麼菜的門外漢，應該都能自然而然地養成言詞表達能力吧？」

我能理解為何會有這樣的思維，只不過，想養成言詞化能力的重要行動，絕對不是「總之，先練習寫文案」，**重要的是把想法「先寫下來」的舉動**。為什麼我能非常肯定地這麼說呢？

有關這一點，我重新整理並歸納出「藉由書寫以提升言詞表達能力的大腦結構」原理。當然，我並非腦科學家，以下的說明都是基於平時的經驗，把工作中所感受到的言詞化過程，嘗試以大家更容易理解的方式來呈現，但我認為，讀者可以稍微理解這麼做之所以有助於養成言詞表達能力的原因。

「總之，先寫下來以提升言詞表達能力」的過程，如下頁圖表所示，包括六個步驟，接下來便一一加以說明。

①「想法」在腦中，幾乎都沒有言詞化

不論什麼主題都沒關係，你對某件事物所懷著的「想法、意見」，幾乎都沒有轉化為言詞，只有模糊的意象累積在腦中。轉化為言詞的只有極少一部分，剩下的都是沒有轉化、放置在潛意識中。

因此，若是沒有察覺到這點，我們就無法想起那些在不知不覺中感受到的「想法、意見」，當然就無法訴諸言詞來傳達給他人了。

②先試著寫出腦中一小部分的「詞彙」

因此，先嘗試把潛意識中感受到的各種「想法或意見」，將其中的一部分轉化為詞彙寫下來。想像從大腦中將這些想法或意見暫時切割出來，以客觀角度看待。

其實，這是一個非常重要的關鍵，光只在腦中進行這個步驟極為困難，因此藉由實際寫出來的文字，能更加客觀、有效率地面對自己的想法及意見。

為什麼「寫下來」可以提升表達能力？

①

對於某個主題，幾乎只有一小部分的「想法或意見」，在腦中產生明確的「詞彙」，絕大部分都是模糊的「意象」狀態。

②
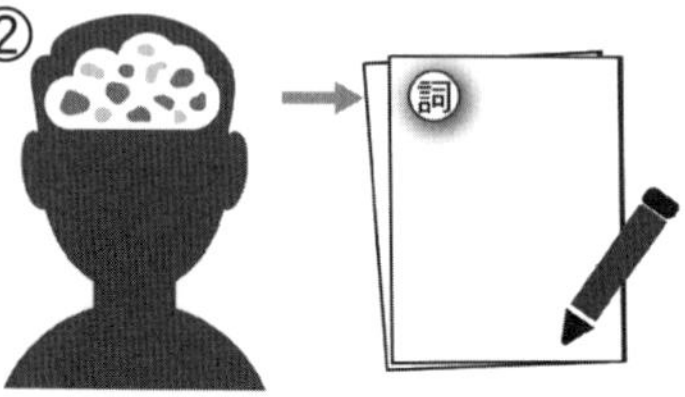

先試著把一小部分的「詞彙」寫出來。
→客觀看待自己已經文字化的「想法或意見」。

③
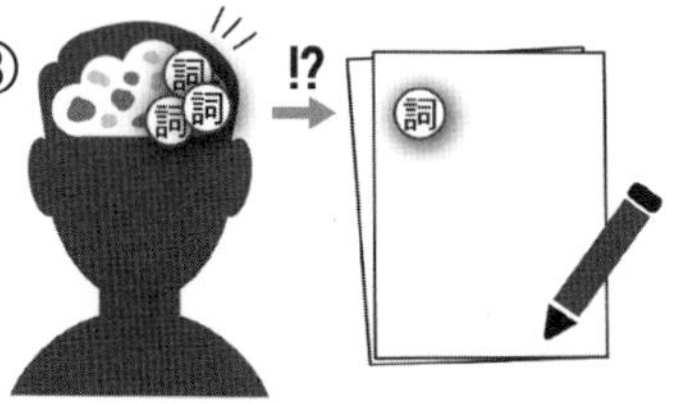

寫出的詞彙能成為觸發點，再從這個詞彙去聯想、連結內心的那些模糊「意象」，自然而然地言詞化。

④
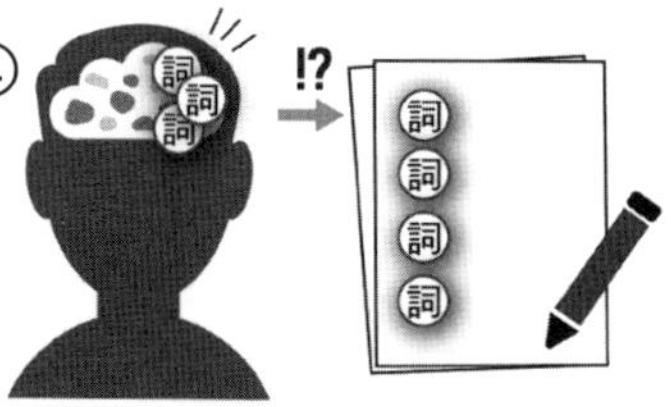

把連結腦中想法後、更進一步轉化出的詞彙寫下來，再把這些詞彙與內心的模糊「意象」畫面連結，再進一步地言詞化。

⑤
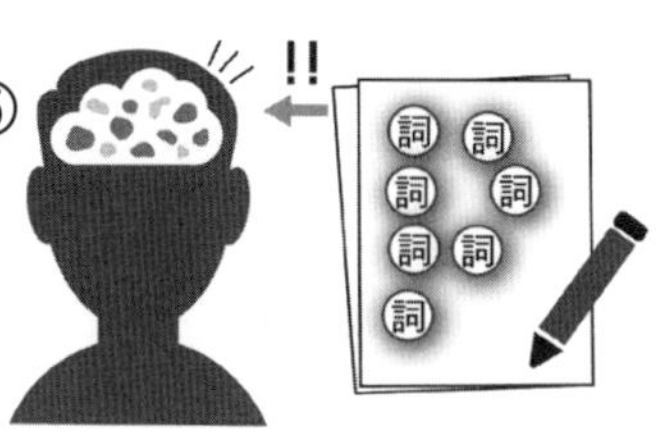

寫下來的各種「想法或意見」，重新認識它們轉化為「言詞」的狀態。

⑥

把各種想法或意見，以轉化為言詞後的狀態儲存在腦中（＝對這個想法或意見具有言詞化能力）。

③寫出的詞句能成為觸發點，把「潛意識的想法」逐漸言詞化

把自己腦內分離出來的「想法或意見」實際寫下來，是將以往潛意識感受到的事情轉化為言詞的觸發點。透過寫出的詞句，當時有什麼具體感受？為什麼會有這樣的感受？就如同聯想遊戲般，自然而然地開始言詞化。

一開始所寫下的言詞能加深自己的思考，成為讓我們在不知不覺間產生的感受朝向言詞化的路標指引。

④更進一步把言詞化的「潛意識的想法」寫下來

透過以上步驟，把腦內逐漸言詞化的「想法或意見」再次寫下來。這麼一來，你能進一步客觀地審視自己的想法或意見，能夠察覺那些存放在潛意識的感受。反覆進行這些步驟，就能順藤摸瓜般地逐漸把你在潛意識間感受到的事情，不斷地言詞化。

⑤不斷寫出的「詞彙」，再次成為觸發點

透過以上步驟寫下的詞句，以各種形式出現在你眼前，這些原本是沉睡在腦海中的模糊意象，是潛意識中感受到的想法與意見，以及其中的種種原因。經由以詞句和文字的形式呈現，可以讓你重新認識它們。

⑥「想法」轉化為言詞，大量儲存在腦中

透過這些做法，讓大腦感受到的事物，以「言詞」的狀態累積保存下來。這麼一來，如果有人突然要你表達意見或想法時，你也能迅速地以適當言詞回應。我認為，這樣正是具備了言詞表達能力。

帶出獨特觀點的書寫練習

你覺得如何呢？希望以上的說明能讓各位明白，為什麼透過書寫，就能夠有效訓練言詞表達能力的原因。

如同我前面說的，要訓練言詞表達能力，最重要的是「總之，先嘗試寫下來，以客觀的角度認識自己的想法及意見」。

你所感受到的絕大部分事物，幾乎都不是以語言的形式保留下來，而是以模糊的意象沉睡在大腦中。總之，先轉化為言詞，寫出來的文字，只是你潛意識中持有的想法、意見中的冰山一角。

而且，要具體描述你當時的感受，以及為什麼會有這樣的感受等深層細節，很難立即轉化為語言。然而，**正是這個深層的細節，充滿著你獨到的想法與意見**。在試著傳達給其他人時，因為有這個深層的見解，讓你的言詞能產生更大的說服力。

正因為如此，「總之，先嘗試寫下來」，這麼做有助於把過去不曾以言語表現的深層想法或意見，藉由轉化為文字呈現出來。我認為這是一個非常重要的過程，而這樣的過程如果光靠在大腦中進行，是非常困難的。

光是在腦中思考「怎麼說」，很難說得具體又到位

由於上述的說明較為抽象，接下來舉一個實際的例子，讓我們一起思考看看。

假設，坐在旁邊的後輩拜託你幫他檢查一份報告內容。看過後，你覺得有些不對勁、感到十分在意，卻又說不上來究竟是什麼原因，所以只能給出十分籠統的意見：「我說不上來，總覺得這個地方怪怪的。」

你是否也曾有過上述的經驗？**即使覺得「有什麼地方不對勁」，但要把察覺的「異樣」在腦中轉化為「言詞」，卻意外地困難。**

如果要電子郵件把建議寄給後輩呢？這麼一來，你就必須把感受到不對勁的地方，化為「言詞」表達出來，不可能只回覆一句：「這份報告，看起來怪怪的。」這完全稱不上是有建設性的意見。

因此，在以電子郵件回覆時，必須把「感到不對勁」的原因整理出來，透

過書寫的轉化過程，可能就能發現當初在看到報告時覺得「不太對」的地方。也許你也曾有過這樣的經驗吧？

之前提到的「總之，先嘗試寫出來，讓沉睡在你內心、潛意識感受到的事情一一言詞化」，就是這個意思。**這裡所提到的「一一言詞化」，如果說得更仔細一點，就是在潛意識中感受到的「除了想法、意見之外，原因也能確實轉化為言詞」**。

因此，容我不厭其煩地重複強調，「寫下來」是非常高效率的做法。如果試圖光在腦中把潛意識的感受轉化為言詞，並深入挖掘其中的原因，往往會發生到了中途無法整理、難以掌控的情況，以致最後放棄思考。

但是，如果先寫下來的做法，能把感受到的事情抽絲剝繭、循序漸進地整理出來，甚至連「為什麼會有這樣的感受」都能不斷地轉化為言詞。

此外，透過書寫除了能夠把感受、內心的模糊意念，以看得見的方式整理出來，還有另一個優點。

藉由寫出在腦海中沉睡的各種想法或意見的原因，再次觀察其轉化成的「言詞」內容。這麼做，你能夠更進一步發現，**自己真正重視的意見或想法是什麼**。「這個意見其實不足為奇」、「這可能是其他人沒注意到的觀點」等等，能將想法或意見調整出優先順序。這麼一來，會讓你的發言或所寫的文章更具魅力。

「總之，先寫下來試試看」的嘗試，就是言詞化的最快捷徑，能讓你用言詞把潛意識中的感受、以及為什麼會有這個感受的原因寫出來。

累積言詞的數量，提高表達反應的速度

在第三章所要介紹的「言詞化能力鍛鍊」，是一項要求在規定時間內，迅速寫出「文字筆記」的訓練（詳情會在後面作說明）。

我們要做的練習是將平時所接觸的一切事物，以問題的形式向自己提問。

例如：

「為什麼想做這個工作？」

「現在的合作團隊欠缺的是什麼？」

「看到路上的海報，有什麼想法？」

對於這些問題，把「潛意識中感受到的事情」寫成筆記，一一言詞化。

可以把這個練習想像成假如某一天當有人徵求我的意見時，先做的預演。

把這項練習變成每天的習慣，認識自己的想法與意見。本書的目的，就是希望幫助各位大量累積這些「潛意識的言詞化」，而這就是「秒回表達力」。

平時就要練習把內心的感受言詞化，不是只有特定的主題，而是把生活中的一切事物，都練習如何言詞化。你獨樹一幟的想法或見解，若能以言詞的狀態大量儲存在腦中的話，假設是在公司的會議中，不論是什麼情況下突如其來的提問，你都能立刻抒發己見，也就是詞彙數量能提高反應速度。

因此，是否從平時就養成想法（感受）言詞化的習慣？是否能從平時有意識地建立言詞化的環境？這才是最重要的關鍵。

言詞的「速度」，能加深言詞的「深度」

透過日常不斷地增加潛意識言詞化資料庫，我們就能具備秒回表達的能力。

此外，再透過本書的言詞化能力訓練，在書寫練習時設定時間限制，更進一步地追求將想法轉化為言詞的速度。

例如，剛剛的「為什麼想做這個工作」，假設時間沒有限制，就會拖拖拉拉地寫出自己的想法及意見，反而很難深入思考。

打造一個可以專注書寫的環境，就能寫出過去都沒察覺出在潛意識中感受到的想法及意見，而且，經過這樣言詞化的詞彙和詞句會更有深度。什麼是「有深度的言詞」？就是前面提到，**你的言詞當中是否有新的發現**。

「啊，竟然注意到這種地方，他真是敏銳！」你是否也曾對上司或同事發出相同的讚嘆？正因為是嶄新的觀點，所以能打動他人。**而潛意識感受到的事情，充滿了你獨一無二的想法**。因為沒有一個人跟你用同樣的方式誕生到這個世界，也沒有用相同的方式被扶養長大，更沒有完全在相同的環境下生活。

在潛意識感受到的事情中，強烈反映出了你獨一無二的人生經驗，充滿獨特的觀點下的想法與意見。因此，**把潛意識感受到的事情一一化為言詞並累積保存，就等於保存充滿你獨特觀點、有深度的言詞**。

如果你認為現在的自己，只能說出平凡無奇的意見，請你要知道：事實絕非如此！而是明明具有獨特的觀點，卻始終沒察覺罷了。

第二章就說到這裡，從下一章開始，我們終於要進入「言詞化訓練」的具體作法說明了。

第三章

一張A4紙的「表達力」書寫訓練

此時，在你的眼前

有一張白色的「A4紙」和「一支筆」。

這張A4紙的上方，寫著

「好主管必須具備什麼條件？」

接著，針對這個問題，

希望你盡可能寫下

「有什麼看法？」

「為什麼會這麼想？」

時間限制：兩分鐘。

這就是本書的「言詞化能力鍛鍊」。

詳細的訓練內容應該怎麼進行呢？

接下來就要說明訓練的步驟了！

秒回表達的思考力，一定要靠主動練習

我在第一章說明「言詞化能力的重要性」，在第二章則解說「如何培養言詞化的能力」（以及為什麼使用的方法是先「寫下來」）。

經過前面的說明之後，我們終於要進入第三章，也就是使用「筆記書寫法」與具體說明「言詞化能力鍛鍊」的做法。

然而，或許也有一聽到「訓練」就立刻打退堂鼓的人——

「難道不是讀了這本書，就能立刻擁有言詞化的表達能力嗎？」

「這和我閱讀本書所期待的內容不同……」

如果你是以上的想法，我衷心感到抱歉。本書並不是只要閱讀完畢，就能一夕之間讓你脫胎換骨。話說回來，倘若有一本書標榜「只要讀完本書，就能養成秒回表達力」，我想應該是騙人的！**所謂的「言詞化」，是一種「能力」。**

如果想學會溝通的傳達方式，或許能夠達到立刻學會的目的；只要在原本要說的話語前添加其他詞語，或是改變說話的順序，就能改變聽者的印象。我認為「表達方式」與其說是能力，更像是一種技巧。

那麼，如果是思考能力呢？這應該要從平時就鍛鍊你的大腦，因為思考能力與其說是技巧，反而是更接近是一種能力。

言詞化能力和思考能力相同，「瞬間想到表達的言詞」，就是「大腦被訓練過的狀態」，如果真的有心想訓練言詞化能力，就有必要進行大腦訓練，以提高自身的能力。

那麼，必須花上經年累月才能養成言詞化能力嗎？絕對沒這回事。**首先，**

請你嘗試兩星期的言詞化能力鍛鍊。只要試過，相信你一定能發現自己開始有秒回表達的能力，速度快的話，或許幾天內就能看見成效。

只不過，希望你將這個訓練養成習慣，「一天三張，總計六分鐘」就行了，轉化出的詞彙量雖然重要，但並不是靠短短幾天就能達成，而是每天持之以恆並養成習慣，最後才能達到足夠的數量。

把想法轉化爲言詞的筆記術訓練

接下來，我想一步步說明言詞化訓練的具體做法。

①縱向使用A4影印紙

首先是在書寫訓練時所使用的紙張，我推薦用隨處可見的A4影印紙，其中一項原因是「可寫範圍的大小」。

一聽到筆記，或許大家聯想到的都是可以收進口袋裡的迷你記事本。然而，這個訓練的關鍵在於把腦中那些模糊的意念「寫出來」，**如果是面積小小的便條紙，怎麼看都覺得範圍太狹窄，寫出來的文字量也會受限。**

同時，也有可能對心理造成影響，因為眼前放的是一張小小的便條紙，無形中也限制住「把潛意識感受到的事物言詞化」的範圍。因此，建議你在面前放一張完全空白的A4紙，不需要在意字體大小等問題，不斷地寫下來。

另外一個推薦使用A4影印紙的原因，就正面意義而言，是就算寫完後要丟掉，也毫無壓力。當然我並不是否定使用裝訂成冊的筆記本，只不過，這麼一來就得特地花錢購買，而且一旦使用筆記本，心理上難免有一種必須好好寫下來才行的壓力，對吧？這樣就會有所顧慮，難以想到什麼就寫什麼。

在書寫練習時寫的內容，沒有所謂正確或不正確的答案，你所寫出的內容，必定與你的想法或意見有關聯性。

再次重複強調，最重要是「寫下來」的行動，類似A4影印紙這種可以隨便處理，隨時都可以丟掉的材料，就可以輕鬆又盡情地把想法轉化成文字寫出來。

實際上我在寫文案時，也是盡可能把想到的內容先寫在空白的Ａ４紙上。觀察過其他廣告文案寫手，幾乎沒看過有人把文案寫在正式的筆記本上，**我想這並非為了專門記錄偶然浮現的創意，更多時候是為了邊寫邊深化的思維。**

說到這裡，可能許多人會納悶，為什麼必須縱向使用？關於這點與②之後的規則相關，我將繼續詳細說明。

②在紙張最上方，大大寫下「問題」，並加上框線

除了要使用Ａ４影印紙之外，**同時希望你能遵守「一張紙、一個問題」的訓練規則。**

這個訓練的關鍵，是要寫出你腦中那些模糊的想法或意見，將其言詞化。這段過程，正是深入面對自我的時候，想像你正在進行一個自我訪談，針對一個設定的問題，你有什麼感受？你的意見是什麼？詳細地反問自己，把感受和想法寫下來。

因此，如果一張紙上列出許多問題，可能容易分心，以致於不容易深入思

表達力的思考練習，建議用 A4 影印紙

○

A4 影印紙
→想到的事情可以毫無顧忌地寫下來。

×

狹小的記事本
→ 寫出來的量容易受限，連想出來的內容也因而受限。

×

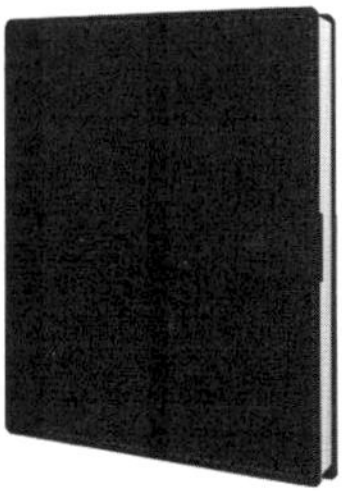

裝訂成冊的筆記本
→ 形成「不好好寫下來不行」無謂的壓力（也會產生額外的花費）。

考。要發掘這些內在還未言詞化的想法或意見並不容易，請務必嘗試專注在一個問題來進行。

接著，決定一個問題之後，把它寫在A4影印紙的最上方。這時，**重要的是盡可能把字寫大一點**。

接著，把寫好的問題加上框線，這是為了讓你在過程中清楚記得，現在是針對什麼問題在進行言詞化的練習。

當我們沉浸於思考時，會很容易忘記一開始的主題，不知不覺開始思考其他全然無關的事情。有關這一點，我稍微進一步具體說明。

舉例來說，假設我們的問題是「好主管必須具備的條件？」接著你開始回想過去曾經遇到的理想主管，以及當時與他們的互動，接著寫下「聆聽成員的意見」，然後你發現「『不否定對方的態度』也是必要的」。

這時，你的腦海突然閃過前一天在會議上，你劈頭就否定部屬意見的畫面，不禁感到沮喪。「唉！當時被我否定的下屬，是什麼感受呢？」接著，你開始

好主管必須具備的條件？

產生不安與後悔的心情，然後，你的思緒開始飛到下回碰到他時，要跟他說什麼……等其他的瑣事。

如何？這個思考的走向是不是很容易發生？當然，這些岔出的思緒也有它的重要性。但無論如何，在這個時間內你該思考的，都是「好主管必須具備的條件？」並不是下次碰到部屬時該怎麼安撫他們。

類似這樣的情形，當你回溯記憶或是進行「自我訪談」時，經常會發生思緒在不知不覺飄向其他地方，開始思考其他事情的狀況。

因此，把決定要練習言詞化的問題，寫在A4影印紙最上方，時時意識到現在進行的練習是「針對什麼主題言詞化」是相為重要的。

③把筆記分為「思考」及「理由」兩個部分

接著，在紙的正中央畫出一條線，把紙分成上下兩部分。上面是針對問題，**寫出「思考（所想到的、感覺到的事情）」，下面則是寫出「理由（這麼想的**

好主管必須具備的條件？

思考
（有什麼想法？
感覺？）

理由
（為什麼這麼想？
為什麼這麼覺得？）

理由、為什麼會有這個感受）」。

這麼做的目的，是透過把想法、感受所產生的「理由」言詞化，去發現連自己也沒察覺到的那些想法與意見。

相信實際這麼練習後，各位一定能體會到我在第二章說過的，「透過書寫，不只是潛意識的想法、意見，連為什麼會這麼想及產生這些意見的理由都能言詞化」。

④先把「首先浮現的想法」寫下來

接下來，針對列在紙張最上方的問題，盡可能迅速地寫下所有浮現出來的念頭。

你是不是心想：「話是這麼說，但不知道該寫什麼？」沒關係！一開始大家都是這樣的。

幾乎沒有人平時就習慣把腦袋中模糊不清的想法或意見轉化為言詞，當然，

好主管必須具備的條件？

思考
（有什麼想法？
感覺？）

- 聆聽團隊成員的意見

理由
（為什麼這麼想？
為什麼這麼覺得？）

我在從事撰寫廣告文案的工作以前，也完全沒嘗試這麼做過。事實上，大多數的情況下，我們甚至沒有意識到腦海中有著尚未言詞化的思想或意見。

不過，這個言詞化的練習，完全不需要任何特殊天賦，需要的就是養成習慣。希望你可以了解這個習慣能夠自然而然建立，而這個訓練正是為了幫助你培養這樣的習慣。

把腦中的思緒寫出來的時間，並不是考試，無論如何都只是訓練，因此我再重複一次：書寫的內容沒有正確或不正確的問題，透過書寫而產生的言詞化想法及意見，是原本就沉睡在腦海中、只屬於你且獨一無二的寶物。希望你能帶著挖掘寶藏的興奮期待心情，享受這段書寫的時光。

針對設定好的問題，**總之，先把任何浮現在腦海的念頭，寫出一行看看！**

⑤每寫出每一句內容，就反問自己「這是什麼意思」

其次，再針對寫出的那一句文字內容，更進一步深入挖掘（這是前面說明

「把問題的字體寫得大一點」時，有簡單提及的思考過程）。

以這次的問題為例，當回想曾遇到的理想主管，先寫下了「聆聽團隊成員的意見」。

這時，請你問問自己：「這代表什麼？」假設你的想法是「不否定對方意見的態度」，請你在第一行底下畫出引線，在第二行寫出這個想法。

換句話說，藉由「最初寫下的內容」進行如同挖地瓜般、把潛意識的想法及意見不斷挖掘出來的言詞化思考法。在這個過程中，關鍵在於對所寫出的一句內容，時時刻刻保持「這代表什麼」的意識，**逐漸提高「言詞的解析度」（將其具體化）**。

「『聆聽團隊成員的意見』代表什麼？」保持這個意識，接著寫出下一句，不斷將想法具體化。藉由這個做法，讓第二句比第一句更具體，而第三句又比第二句更具體，最後就能達到更深層的思維與意見。

當然，一開始就算只能寫出相似的內容，也完全不必在意。即使是「聆聽

思考
（有什麼想法？
感覺？）

讓想法
更加具體
（這代表什麼意思？）

好主管必須具備的條件？

- 聆聽團隊成員的意見
  - 不否定對方的意見
  - 不以年齡、社會經歷來判斷對方
  - 尊重對方的觀點

理由
（為什麼這麼想？
為什麼這麼覺得？）

團隊成員的意見」、不否定對方意見的態度，這些乍看之下相近的內容，實際上著眼點還是有些微差異，後者表達出更深入轉化為「所謂的聆聽意見，就是不否定對方的意見」的言詞。

將寫下的每一行筆記，以這種反覆思考、自我提問的方式，不斷提高言詞解析度（將想法具體化、深入化），就能把尚未言詞化的思考及觀點，一個一個如珠子般串在一起，讓它們在眼前逐漸呈現。像這樣不斷地深入探索自我的過程，本身就是一段很有意義的時光。

⑥寫下「思考」內容中，最後一行的「原因」

接下來，我們要進入將問題更深入言詞化的階段。

在A4紙的上半部，我們已經針對一個主題（問題）寫下「想法、感受」所轉化出的詞句，在這個階段，原本沒有明確言詞化的想法及意見，已經透過文字表達出來了。

然而，絕大部分的人都不知道為什麼會有這樣的想法、感受？例如，當被問到「好主管必要的條件是什麼？」你不是光回答「尊重對方的觀點」，**要連理由都能確實指出來，能夠具體說出「因為我認為……」，才能為你所提出的意見提高說服力。**

既然特地透過言詞化訓練把想法及意見轉化成言語，也要盡可能也準備好為什麼會有這個想法的原因和理由，並且要確實地表述出來！

首先，把在「思考」區塊中最後寫出的內容圈起來，接著把你之所以有這個想法、感受的原因，寫在下半部的「理由」欄位。

這時候，你的思考應該已經相當深入，所以能夠自然而然地寫出深入的原因，甚至是你在一開始要寫「思考」的第一句想法時都難以想像的理由。

接下來以同樣的思考方式，以順藤摸瓜式的言詞化思考法，針對「理由」的內容也進行言詞轉化。就和「思考」的方式相同，也針對寫下的「理由」，問問自己「這代表什麼」，並且一一寫出來。

好主管必須具備的條件？

思考
（有什麼想法？
感覺？）

- 聆聽團隊成員的意見
  - 不否定對方的意見
  - 不以年齡、社會經歷來判斷對方
  - 尊重對方的觀點

讓想法更加具體
（這代表什麼意思？）

理由
（為什麼這麼想？
為什麼這麼覺得？）

- 主管一個人的角度及想法有其界限
  - 善用成員的智慧能強化團隊
  - 彼此尊重能使人際關係的壓力減輕
  - 團隊成員的動力也能提升

讓想法更加具體
（這代表什麼意思？）

這時的訣竅和書寫「思考」的時候一樣，愈往下寫言詞的解析度愈高，相信寫到紙張的最下方時，已經轉化成非常具體清晰的內容了。

你將會發現，在這張A4紙上，連自己原先都沒察覺到的「想法與意見」及其中理由，都已確實轉化為言詞。當進行到這個程度時，相信如果有一天，你突然被問到這個主題或相關的提問時，一定能以具有說服力的言詞表達出來。

一張紙兩分鐘內寫完，一天練習三張

接著，究竟一個問題要花多少時間來寫比較好？再重複一次，本書建議一張的時間限制為兩分鐘。

與其在腦中思考後再寫成筆記，以邊寫邊想的感覺來進行或許更好。「兩分鐘不會太短了嗎？」或許你會這麼想，但這是有理由的。為了將腦中那些模糊的意念言詞化，某種程度的專注力不可或缺；時間有點不夠的情況下，能讓人們更加專注。

時間短，才能專注又不耗時

我在寫廣告文案時，也是在截稿期限緊迫之際，更能集中注意力，腦袋似乎也比平時加倍靈光，結果寫出自己也意料之外的文案，這樣的經驗不勝枚舉。

平時就要訓練自己把沒察覺的想法及意見言詞化，因此勉強自己置身在「與平時截然不同的專注環境」非常重要。**反過來說，花了過多時間只會使注意力渙散，效果不會太好。**

當然，設定兩分鐘這麼短的時間，也是為了不讓工作繁忙的你添加太多負擔。如同先前說的，要鍛鍊言詞化能力，培養將想法言詞化的習慣比什麼都重要。

假設一個問題只需兩分鐘的話，不論是工作中的休息時間或通勤時間，又或是睡前撥一點時間，都較能輕易地持之以恆。

只需以這樣的方式一天寫三張、總計六分鐘，就非常足夠了。你或許會覺得一天寫的量不夠多，但一年三百六十五天下來，總計可以寫出一千零九十五張。換句話說，到那個時候，你已經針對一千零九十五個問題，將自己獨特的「想法及意見」建立出言詞化的資料庫存在腦中。

如果能累積出這樣的資料庫，就已經具有秒回表達力了！

用喜歡的筆書寫，是維持練習的小技巧

前面介紹了具體的「言詞化訓練」步驟，或許有人會疑惑：「訓練時寫的這些筆記，之後要如何處理呢？」先說結論，我認為就算丟掉也沒關係！也許有人會覺得「好不容易絞盡腦汁寫出來的，丟掉太可惜」。**但這個筆記並不是為了而記錄而寫，而是為了將沉睡在你腦中的想法及意見轉化成言詞而寫。**

接著，透過一邊書寫，一邊發現內在的「想法和意見」並化成言詞，這個過程是最重要的。

當然，如果你之後希望能回顧而保存也沒關係，只不過依我的經驗來說，幾乎不太可能重新去看這些寫下的筆記。這是因為，這些已經轉化為言詞的想法與意見，不需仰賴筆記，而是隨時隨地都可以信手拈來、具體表達的內容。

書寫練習時，請搭配「拿起來就想寫字」的筆

另外，我認為也沒有必要為了進行這個練習而特地去買筆，只要是平時使用、已經用慣的原子筆也可以；此外，也不會發生必須一再擦掉重寫的狀況，因此也不必特地準備鉛筆、自動鉛筆、擦擦筆等等這類可修正的文具。

真要建議的話，我希望你務必使用喜歡的筆。

持之以恆地進行這個練習並養成習慣，比什麼都重要，光是看到或握著喜歡的筆就覺得充滿動力，就會主動想利用零碎時間去寫、去練習，希望你能找到會產生這種心情的筆。

近年來許多人隨身帶著筆記型電腦、平板或手機，但身上卻沒帶筆。藉著難得的機會，走一趟好久沒踏進的文具店，或許能有什麼新發現。順便一提，我平時工作上最偏愛的是 LAMY 的原子筆。

另外，本書的訓練基本上只要有筆和A4紙，不需特意挑選時間及地點，也沒有要求你必須進行深蹲這種費力的體力訓練，只要盡可能利用工作空檔或有一點閒暇時間來進行即可。

就這個意義而言，建議你不妨在幾個不同的地方，預先準備好筆和A4紙。像是公司的辦公桌、工作用到的上班包包、家裡的客廳、臥室等處，在自己的生活動線中打造出隨時都可書寫的環境，這麼一來，只要稍有一些時間就能進行練習，讓言詞化更貼近你的生活。

進行練習時，不需太過拘謹，要注意對於在意的主題與問題，培養「先寫下來」的習慣。我想，當你有一天驀然回首時，一定不會覺得這是一種練習，而是成為自然而然的習慣。

三個專家級技巧，提高表達內容的深度

前面說明了訓練的基本步驟和做法，接下來要說明當你已經養成習慣後，一定要嘗試如何更進一步提高言詞解析度的方法。

技巧（1）再做一次相同問題和主題的言詞化練習

對於一個問題（主題）在兩分鐘內寫出言詞化的內容，是基本的訓練；日後對於同樣的問題重新再練習一次，對於增加言詞化的表達深度非常有效。

雖然我們可以透過短時間的限制專注力進行練習，但要深入思考一個問題，依然有其界限。因此，**我們可以嘗試重複相同問題和主題的言詞化書寫練習，像是重複練習百公尺短跑一樣。**

通常我要寫出關於某個主題的廣告文案時，總是一再反覆地書寫，幾乎不曾在一天之內就完成一份廣告文案。有時候，我會先寫下文案，擱置幾天後再次重寫，**由於第二次書寫時已經在大腦深入思考過這個主題，所以能比第一次寫的時候更容易看清楚方向，或者察覺第一次書寫時沒意識到的新發現。**

像這樣透過重複的練習，重複加深言詞化的深度，也會發現過去從來未曾察覺的想法及感受，同時也能因而增強對自己表達意見的信心。

或許根據設定的問題而會產生效果的差異，但只要能做到至少重複五次言詞化練習，就能在前面提過語彙解析度較高的狀態下被保存在腦中，任何時候需要，都能秒回自己的看法。

另外，我也建議你在回答問題時，將自己所提出的想法及意見，再轉換為另一個新的問題，然後再次嘗試進行言詞化訓練。

技巧（2）用其他視角切入相同的問題

對於相同的問題和主體重複言詞化練習時，希望大家務必注意一件事，就是嘗試逐漸改變思考方向。

前面介紹的「順藤摸瓜式的言詞思考」，雖然是朝向一個方向邊深入挖掘、邊言詞化的做法，但這就和現實中挖地瓜一樣，老是在同一個地方挖的話，總有一天沒有可挖的地瓜。因此，我們必須換另一畝田，再重新挖掘看看，以這樣的方式反覆進行同一個問題的言詞化訓練，或許會更有幫助。

以前面所舉的例子來說，「好主管必須具備的條件」這個問題，第一次深入挖掘時的方向是「聆聽團隊成員的意見」，把想法和意見以及理由轉化為言詞。其他可能的方向，還有「給周遭的人明確的意見」，針對這個想法深入思考，或許能得出第一次言詞化訓練時沒有想到的想法和意見，例如「對部屬的煩惱，能給出明快的判斷」，或是「對犯下的錯誤提出正確的建議」。

這正是在進行反覆練習言詞化時的重要性，**當你對相同的問題和主題深入挖掘第二次、第三次時，建議要從過去不曾探討過的方向來進行思考。**

透過這樣的練習，在大腦所累積保存言詞化後的「想法和意見」，其中的「理由」厚度，相信也能一口氣增加吧！

若是擔心自己能否想到這麼多不同的切入方向，這一點我敢拍胸脯保證，在你大腦中沉睡的那畝「思考的田」，遠比想像的更要廣闊。

技巧（3）勇於思考「反對的意見」

為了有助於深入思考某個問題和主題，有時刻意把已經言詞化的想法及意見，反過來思考「反對的意見」也是一個做法。

這是什麼意思？我們不妨再次以「好主管必須具備的條件」為例，一起來思考看看。對於這個問題，就像前面的做法，假設我們先寫下的是「聆聽團隊成員的意見」。

這其實是極為正確的意見，但我們這時故意刁難自己——**如果是你，對於這個意見，可以提出什麼樣的「反對的想法」**。如果是我，可能會寫下「不被旁人意見左右，貫徹自己的想法」，也是成為好主管的必要條件。

難道不是嗎？如果是一個只聽成員意見而朝令夕改，有如初一十五的月亮，每天不一樣的主管，你也會覺得有點討厭吧？

在深入挖掘想法之際，**像這樣雞蛋裡挑骨頭般去推翻自己的想法，也能因此發現一開始想不到的意見**。對於「好主管必須具備的條件」這個問題，提出了兩個完全相反的意見，但並沒有哪一個正確或錯誤的問題。

讓自己具備多樣性的想法及意見並且靈活運用，可以讓你的表達更有彈性，也是提高職場評價的重點之一。

書寫筆記帶來的驚人溝通力

前面介紹了言詞化訓練的基本方法以及一些應用的方式，相信你已經明白，為了把自己也不曾察覺的想法及意見轉化為言詞，寫筆記是非常有效的方法。

接下來，我打算就自己撰寫廣告文案的經驗，說明書寫筆記所帶來的效果。

練習表達能力，是爲了要溝通順暢

或許很少人知道，本書的言詞化訓練使用的「筆記（日文中寫成メモ／

memo）」一詞，其實和英文的「MEMO」在語意上有些差異。日文中提到「memo」，一般人聯想到的通常是「為了自己而寫下來的備忘事項」。

然而，英文「MEMO」的意義，不是為了自己，**而是有「為了傳達給某個人而寫下的資訊」的涵義**。換句話說，為了某個人所寫下的文字是「MEMO」，而日文中經常使用的「memo」，意義則更接近英文中的「NOTE」。

書中所介紹的言詞化訓練，是屬於個人單獨進行的活動；只不過，有時候很容易本末倒置，把訓練變成目標，反而忘了究竟是為了什麼而訓練，為了什麼而磨練言詞化能力，迷失原本真正的目標。

希望你在進行這個練習時，無時無刻都不要忘記，**言詞化練習的最終目標，是為了能夠應對職場的同事和客戶。**

比方說，一邊想像在職場中具體的運用場景，如「會議中的討論」、「簡報之際的互動」、「寫企劃書」等等，一邊練習要使用的言詞，效果將會大大不同。

書寫筆記的超高職場效益

曾在坊間看過一些書籍，主張在工作中盡量不要抄寫筆記。當然，提出這種主張的人也有他們的考量，我並不是否定這樣的做法。但我個人則確信，筆記是讓個人快速成長的方法，前面一再說明透過書寫筆記來養成言詞化的能力，但寫筆記的效果不止於此。

我在開會時也會盡可能寫筆記，開會的時間是對於該提案「認真專注的時間」，也就是對於該提案，最容易把自己的想法及意見轉化成言詞的最佳環境。

因此，我會盡可能一邊聆聽其他與會者的發言，同時自己也會發表意見，再一一寫在筆記上。**透過這樣的方式，「對方的發言」或「自己的感受」，都以化為文字的可見形式言詞化，因此就能更明確地指出接下來應該往哪個方向思考。**

而且因為寫成筆記，透過言詞表達後，不只是自己，也能和所有參加會議的人分享而不致於偏離主旨，所有的與會人員都能毫不猶豫、有效率地推動工作進行。

我最近在開視訊會議時，深刻地體會到筆記的力量。當召開實體會議時，可以使用白板等工具來幫助所有與會人員的理解，但視訊會議則相當困難。雖然視訊會議也有代替白板的工具，但使用者需要某種程度的數位知識能力，因此並不適用於每一場視訊會議。

因此，有效的做法是利用視訊會議工具中附帶的聊天功能，不論是Teams、Zoom或Google Meet，幾乎都附有這項功能，可以在聊天室中寫下筆記，將「與會者的發言」或「聆聽他人發言的感想」，不斷地文字化、言詞化。藉由這個做法，即使彼此身處不同的場所，也能確實形成共同的理解，讓商務溝通更有效率。

前面談到英文中的「MEMO」，就定義來說，不是為了寫給自己，而是為了傳達給其他人所寫的訊息，正符合我們在這裡所說的，**不是為了日後提醒自**

己的備忘紀錄，而是為了參加會議的所有人員而寫的筆記。

試著在工作時積極地寫下筆記，與其他身邊的人分享，或許能有出乎意料的收穫也說不定！

先筆記下來，等待之後的「新發現」

建議大家好好運用筆記的功能，目的是養成言詞化的能力。但其實不只如此，**「筆記」甚至能夠有效地幫助我們發現連自己都沒有察覺到的想法。**

我平時就有把在意的事項盡量寫成筆記的習慣，當然，書寫的內容是什麼都無所謂，重點是設定「自己在意的事項」。

我一直很喜歡去書店，只要一有時間，即使不是為了要買特定的書籍，我也會隨意地走進書店逛逛，一邊看陳列在平台上的書籍，一邊將我感興趣的書籍文案抄寫下來。那時很少翻閱內容，純粹只是為了抄寫文案（聽起來可能有點奇怪）。

書籍的文案通常只用了一、兩句話，就能總結該書所要傳達給讀者的內容與主題，其實是非常出色的言詞化範本。我認為不論哪一本書，必定都是作者與編輯人員在絞盡腦汁、深思熟慮下，寫出該書最吸引人的重點。

在這些珍貴的語句中，我會抄寫特別喜愛的文案。在這個過程中不需要深入思考，只要引起我的注意，就會照抄下來。當再次瀏覽這些累積抄寫下的文案時，我會從中發現與領悟當時未曾察覺的地方，儘管這些文案都是自己記錄下來的內容。

以下分享幾句我曾抄寫的書籍文案，並加上後來的新發現——

「訂購幸福時光」

→發現：在網路上訂購特產送到家，實際上我們所購買的不是物品，其實是購買「品味幸福的時光」。

「身體保鮮食品」

↓發現：身體不是只需保持健康，更需要讓它「長期保存的東西」，從另一種角度來思考飲食。

「便利商店農業」

↓發現：面對農業的辛勞，其實可以有更簡單的方式來參與農業。

「只需改掉三個壞習慣，人生就能一帆風順」

↓發現：對人生造成巨大影響的，或許是「下意識所做的壞習慣」。

我寫在筆記裡的書籍文案，只是寥寥幾個字，但從中獲得的「領悟」，卻都是我平時幾乎從未思考過的觀點。

像這樣把一瞬間所意識到的事情，透過筆記直接地在大腦中以想法及意見儲存下來，一旦突然被問到相關主題的提問時，就能立即侃侃而談，我認為筆記就具有這樣的成效。

這次以我日常所實踐的「抄寫書籍文案」為例，其實，書店能讓大家接觸平時生活較少接觸的領域、主題、當前熱門話題，是能拓展「思考及意見」範疇的一個絕佳場所，也是一個值得抄寫筆記的空間。

只不過，不限於書店，我認為在你感興趣的領域，進行抄寫筆記也完全可行。只要是你注意到的事項，總之先不假思索地抄寫下來；光是這麼做，這個筆記就一定能為你帶來嶄新的發現。

這一章說明了「養成秒回表達力」的具體訓練方法，你覺得如何呢？雖然我盡可能寫得淺顯易懂，但或許有人依然覺得難以想像訓練的實際做法。

因此，接下來的第四章當中，我將列舉幾個和大家工作相關的具體問題實例，讓我們一起來練習言詞化能力吧！首先，請先將A4紙和筆準備好。

第四章

表達力書寫訓練：12個超實用的職場對話範例

現在，你已經知道鍛鍊言詞化的基本方法。

在重複練習的過程中，有多少經過言詞化的想法及意見，
已經儲存在腦海中了呢？

儲存數量的多寡，
會影響言語表達的「速度」及「深度」。

但是，已經養成言詞化能力的人，
是以什麼樣的方式來寫筆記呢？

如果有具體的書寫實例，相信即使是剛開始練習的你，
也可以順利地開始寫。

這一章準備了十二個在工作中的常見場景，
一起來練習該如何又快又有內容的臨場表達！

職場中不同情景的表達練習

接下來，我們就要進入言詞化書寫練習的實踐篇。

書中所介紹的言詞化能力訓練，無法只練習一次就能完全解決你臨場反應表達不佳的煩惱，我想再次提醒：只靠一次的訓練，就想要養成秒回表達力？那是不可能的。

持之以恆進行練習並養成習慣，才是解決言詞化能力的最佳徒徑。

只要掌握到訣竅，這其實是非常簡單的練習。不過，我想大家一開始難免會有「這麼做對嗎？」、「這麼做真的有效嗎？」等等不安的心情。

言詞化能力的練習就和運動的訓練一樣，剛開始的形式最重要，如果可以的話，若有一位教練能夠在你身邊，一步一步指正，但這在實際的執行上並不容易。

因此，第四章我訂為「實踐篇」，準備了平時在工作職場上、各種不同情景被要求回應的問題。運用這些問題來練習、寫下筆記，我想就能掌握住訓練及言詞化的訣竅。

如果你已經準備好A4紙和筆，我們就立刻開始第一個問題吧！

【會議】目前的工作團隊，面臨什麼樣的問題？

首先以會議場景中會被問到的問題為主題，再提出「問題」。平時，你或許也有機會要和團隊一起工作，這與獨力作業不同，團隊一起進行，有時能更順利，但有時反而難以推動。那麼，接下來就請你想像，自己正置身一個與工作相關的團隊。

最近不知為什麼，整個團隊工作似乎進展不太順利。有一天，組長突然把所有成員召集到會議室，氣氛凝重。組長看到你，突然發問——

「我們團隊現在的課題是什麼？說出來讓我聽聽你的意見。」

好的，當你被這麼問到時，會怎麼回答呢？

我想，你平時在潛意識中，**對於目前的團隊應該也抱持著各種看法及意見，不過一旦要以言語說出來，卻又很難一下子以精準的言詞如實表達。**就算問題不一定相同，相信你應該有過類似上述的經驗。

團隊所面對的課題究竟是什麼？絕對不是只有一個，藉由把沉睡在你內心那些模模糊糊的想法確實轉化為言詞，整理、儲存在大腦中，對於這些出奇不意的問題，你也能瞬間回答出來。因此，我們先設定問題為「現在團隊面臨什麼樣的問題」，來進行言詞化的練習。請你仿照下一頁的筆記寫法，先在手邊的A4紙上寫下「問題」，把感受到的事情和理由迅速寫下來。

時間是兩分鐘，現在就開始吧！

【會議】

現在團隊面對的課題是什麼？

思考

（有什麼想法？
感覺？）

理由

（為什麼這麼想？
為什麼這麼覺得？）

＊＊＊

好的，兩分鐘到了。

這是你第一次實際練習，或許會感覺時間好像不太夠……但不用在意，等到習慣後，你一定能在兩分鐘內好好地寫出想法及意見。實際做了練習之後，你有什麼感受？當喚醒沉睡在內心那些模糊的記憶，針對問題把想法及理由寫下來。透過這樣的書寫，能夠再次認識平時在團隊中所感受到的挑戰。請重視透過言詞化練習過程中接收到的這個感受，繼續練習。

在下一頁，我準備了針對這個題目所寫出的筆記範例，希望你和自己寫出的內容比較看看。這個訓練的意義在於不要想得太難，只想到什麼、就寫什麼，即使這次無法順利寫出來也不用擔心。同一個題目反覆練習後，你所寫出的詞句就會愈來愈熟練，愈來愈能以精確的言語表達出完整的想法。

【會議】

現在團隊面對的課題是什麼？

①思考
（有什麼想法？感覺？）

- 需要能直接表達意見的氛圍
  - 打造一個年輕人更敢於發言的團隊
  - 中堅以上的成員，應該要更能知道年輕人的優點
  - 建立一個成員們認識彼此另一面的機會

②讓想法更加具體
（這代表什麼意思？）

---

③理由
（為什麼這麼想？為什麼這麼覺得？）

- 如果能互相認識彼此的另一面，就能無關年資而獲得敬重
  - 相互尊重，無壓力地投入工作
  - 資深者和新手，都各有他們擅長的領域
  - 把工作分派給擅長這個領域的人，能提升工作品質與效率

④讓想法更加具體
（這代表什麼意思？）

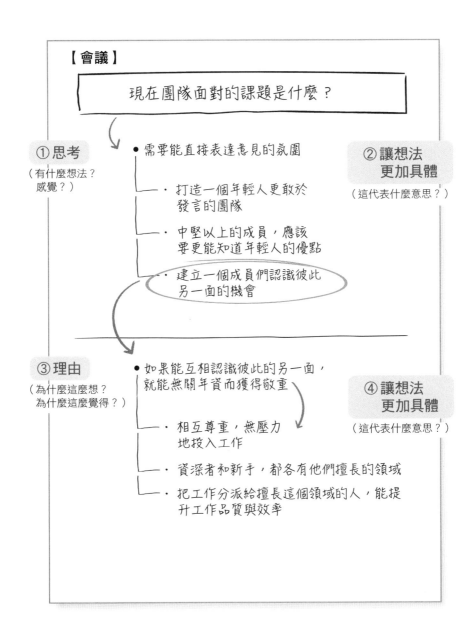

【管理】應該成爲什麼樣的領導者？

接下來的言詞化練習，主題是「管理」，這也是有關團隊運作的主題，不過「管理」是主管和經理人才會面臨的課題。

其實，我在職場與管理人員談話時，常會感受到他們有一些我從來未曾想過的煩惱。如果你是管理職務，請務必站在自己的角度練習看看，如果你並非管理職，不妨一邊回想你的主管，一邊閱讀以下的場景設定並進行練習。這次的腳色設定，你和前一題相同，是某個工作團隊的一份子。

這是你工作的職場，你正坐在辦公桌前，對著電腦埋頭工作。這時候，有人拍了拍你的肩膀，抬頭一看，是團隊的組長站在身邊。近來因為分流遠距上班，你已經很久沒和組長面對面交談了。

組長對你說：「可以占用你一點時間嗎？」於是你們各手持一杯咖啡走向休息區。站定後，組長徐徐地開口說話。

組長：「你正在忙的樣子，不好意思耶。」

你：「不會，沒關係。怎麼了嗎？」

組長：「最近怎麼樣？因為比較少有機會和你面對面交談。」

你：「謝謝您，就差不多吧！」

組長：「那就好，遠距工作的管理真的需要適應才行。」

你：「確實如此。」

組長：「工作模式和以前相較下，變化相當大。」

【管理】

為了團隊，應該成為什麼樣的領導者？

思考

（有什麼想法？
感覺？）

理由

（為什麼這麼想？
為什麼這麼覺得？）

你：「現在轉變成一個很有挑戰性的時代了呢（笑）」

組長：「沒錯。你覺得未來的時代，應該怎麼管理才好呢？」

看樣子，組長似乎對於遠距工作模式之下該如何管理有些煩惱；針對這個問題，如果是你，會有什麼看法呢？時間限制為兩分鐘，請你試著將想法化為言詞，練習寫下來看看。

＊＊＊

好，兩分鐘到了。你覺得怎麼樣呢？

隨著時代的變遷，主管的應有態度也必須隨之調整。正因為如此，**不能光憑過去經驗，認定「主管就該是這個樣子」**，我認為主管必須具備一個重要心態：要持續不斷地更新自己的觀念與見解。

【管理】

為了團隊，應該成為什麼樣的領導者？

①思考
（有什麼想法？感覺？）

- 首先必須保持「願意聆聽部屬說話」的態度
  - 把工作交辦給部屬，必須確實給予相對的支援
  - 不畏懼失敗、允許嘗試
  - 尊重部屬的自主權

②讓想法更加具體
（這代表什麼意思？）

③理由
（為什麼這麼想？為什麼這麼覺得？）

- 「自律」能為團隊帶來貢獻
  - 讓部屬透過失敗的過程有更多思考
  - 從當中看到「成功模式」
  - 從嘗試錯誤的過程獲得的「成功模式」，才是團隊的力量

④讓想法更加具體
（這代表什麼意思？）

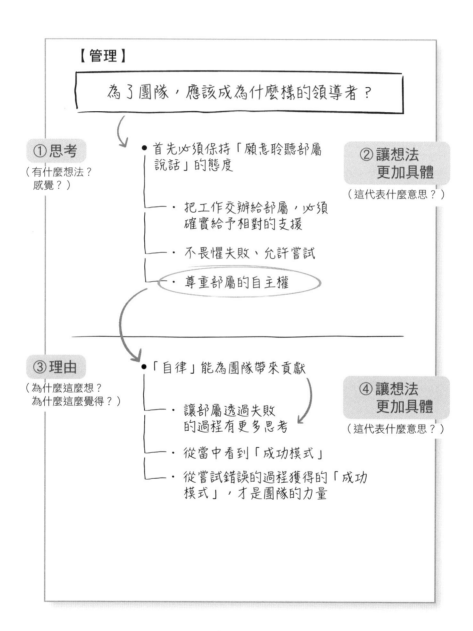

因此，這個言詞化練習並不是一個主題、只練習一次就足夠，而必須定期進行。這麼做能更新你的觀點，希望大家都能靈活運用所學。這一頁是我實際寫下的筆記，但覺得不夠周全……我還會再次針對這個主題進行多次練習。

【商談】如何解決客戶的煩惱？

接下來設定的問題，是用商務場合的「商談」場景來進行言詞化訓練。請你一邊想像平時與客戶談生意的狀況，一邊練習。

你正坐在客戶的會議室裡，對方承辦人帶著有點苦惱的神情坐在那裡。看樣子，他所負責的商品銷售狀況似乎不太理想，似乎正在苦思有沒有什麼拉高營業額的補救措施……。接著，他問你：「我正在想看看有沒有什麼新的行銷絕招，你覺得呢？」

你會怎麼回答這個問題呢？

在這樣的場景中，如果你能立刻回覆、給出客戶滿意的答案，客戶對你一定更加信任。為了因應像這樣的時刻來臨，就在言詞化訓練中累積自己的想法與意見。

書中並不打算在這個練習中舉出實際的商品，以你平時會經手的商品和服務，試著練習該如何表達。

時間限制是兩分鐘，開始練習看看！

＊＊＊

好，兩分鐘到了，寫得如何？這一次，我想先讓你看看我所寫出的內容。

我在面對客戶時，**常常發現連客戶自己都沒注意到的基本問題**，且令他們困擾的理由並沒有被言語化的表達出來。因此，若連基本問題都判斷失誤，連帶的提案當然就無法切中焦點。

這次的「問題」雖然沒有舉特定的商品為例，但無論在哪個行業或領域，一定都有他們必須面臨的挑戰。你希望以什麼樣的態度去面對這些客戶？如果抱著這樣的心態，或許更容易透過筆記書寫下來。

當客戶問你有沒有什麼解決對策時，光是立刻回應提供具體對策，不一定就是為客戶著想，**在思考方法之前**，**應該先懷著有心去理解客戶苦惱本質的態度**。當這樣的想法在內心言詞化以後，你對客戶提問的回應也會自然而然地改變了。

【商談】

思考客戶課題的解決對策時，最重要的關鍵？

①思考
（有什麼想法？
感覺？）

- 發現客戶煩惱的根源
  - 思考能解決真正問題的對策
  - 思考客戶的潛在需求
  - 思考客戶苦惱的根本理由

②讓想法更加具體
（這代表什麼意思？）

③理由
（為什麼這麼想？
為什麼這麼覺得？）

- 客戶苦惱的理由
  表面上看不出來
  - 客戶自己也
    沒注意到的地方
  - 一個根本的問題衍生所有問題
  - 首先更深入傾聽根本理由

④讓想法更加具體
（這代表什麼意思？）

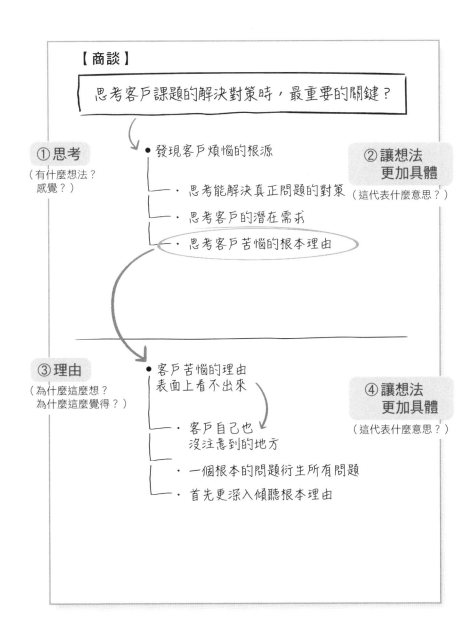

【公司內部簡報】這份企劃案中，最需要關注的重點？

接著下一個問題，我想請你練習以「公司內部簡報」為主題的言詞化能力鍛鍊。

雖然前面是假設在面對客戶的狀況，但把自己的想法及意見確實在公司內部傳達，透過簡報呈現出來，也是同樣重要。

回想平時在公司進行簡報的狀況，閱讀以下情境來進行練習。

你現在正在公司的幹部會議室中，其他與會人員除了承辦的幹部，還有經理等人。花了好幾個月準備的企劃簡報，剛剛順利報告完畢，讓你鬆了一口氣，卻又擔心其他人會有什麼反應。這時候，提問的時間開始，你滿臉緊張不安，承辦的幹部問你：

「這個企劃案中，最需關注的重點是什麼？」

好，你會如何回答呢？我從事文案撰寫工作至今，在公司做過的簡報不計其數，現在回想起來，**不論簡報的內容或做法都是相同的，只有在現場如何回答問題才是最重要的**。

利用言詞化訓練，事先做好準備，讓你能在公司簡報時，針對提問迅速又具體地說出自己的看法，對你的簡報具有極大的加分作用。

順帶一提，根據不同的簡報對象，公司內的簡報內容也會有極大的差異，

【公司內部簡報】

這個企劃中最需關注的重點？

思考

（有什麼想法？
感覺？）

理由

（為什麼這麼想？
為什麼這麼覺得？）

因此在這裡先省略公司簡報的具體內容。

若是難以具體想像這次的練習問題，建議不妨這樣設定情境：在公司簡報目前正在構思的企劃案，預設屆時可能會被問到什麼樣的問題。開始練習！時間限制兩分鐘。

＊＊＊

兩分鐘到了。你有什麼想法？

公司內部簡報的企劃案，是你自己思考的內容，因此我們很容易這麼認為：構思這份企劃案的你，理應比任何人都清楚最需要重視和處理的要點。然而，實際上能否以言詞準確地表達出其中的關鍵重點，完全是另一回事。

雖然我們可能有意識到「這個部分很重要」，但如果無法言詞化、不以言詞表達出來就無法讓對方理解。尤其是你將企劃案納入簡報資料中，或是正在講述簡報內容之際，有時很難將你認為的重點順利傳達給對方。

遇到這種情況，如果能將關鍵的重點先確實轉化為言詞，就能在像是這樣情境中出現的提問中靈活運用，再次清楚傳達給對方。

這不但能為簡報加分，相信提問者和其他會議的成員也會提高對你的評價：

「很清楚重要的關鍵在什麼地方嘛！」

【公司內部簡報】

這個企劃中最需關注的重點？

①思考
（有什麼想法？
感覺？）

②讓想法
更加具體
（這代表什麼意思？）

- 因應客戶要面對的課題
  - 注意不要偏離課題的論點
  - 注意不要偏離需求
  - 因應需求，盡可能賦予附加價值

③理由
（為什麼這麼想？
為什麼這麼覺得？）

④讓想法
更加具體
（這代表什麼意思？）

- 偏離需求的差異化，沒有意義
  - 很容易為了要做出差異化而忽略需求
  - 因應需求，而後訴求與其他商品的差異
  - 「需求」＋「少許附加價值」才是關鍵

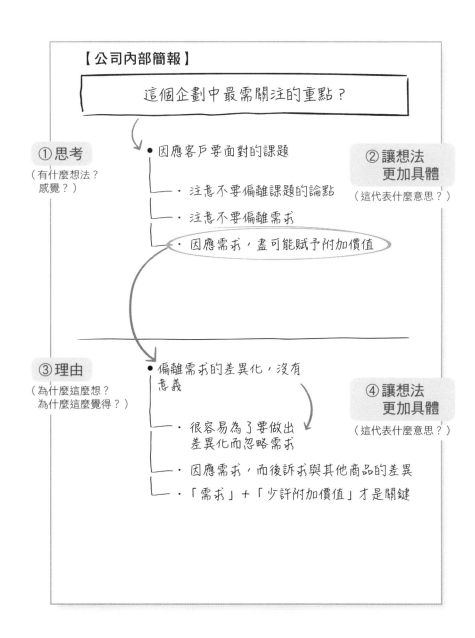

【企劃書】如何寫出易懂的企劃內容？

接著下一個問題，我想以「企劃書」為主題。

在許多情況下，企劃書在商場上都不可或缺，幾乎可以說是必備的工作。然而，不論企劃案有多出色，一旦無法清晰轉化為語言和文字統整在企劃書中，就無法向簡報對象傳達該企劃有多出色。

而且，如果你無法把自己對企劃的想法好好地轉化成言詞，就無法與他人分享。接下來，就一邊回想平時與主管討論企劃書內容時的情景，一邊來閱讀以下的狀況設定。

為了下星期要向客戶簡報，你與主管正坐在會議室中，討論企劃書的內容。

主管一言不發地仔細讀著你撰寫的企劃書，會議室裡的時間靜靜地流逝。

這次的企劃案你準備了很久，花了好幾天才完成，但對於是否把腦中的想法完整表現出來，卻沒什麼自信。明白你對這次企劃抱著何種期待的主管，看完後，提出下列問題。

主管：「謝謝你完成這個企劃書，這就是你之前一直表示想做的專案對吧？」

你：「是的。」

主管：「我聽你談過好幾次這個內容，所以多少可以理解。」
你：「是的……」
主管：「但你認為客戶看這份企劃書，能理解你想表達的嗎？」
你：「……」
主管：「如果要讓客戶更清楚明白你所要表達的，你覺得應該怎麼做？」

怎麼樣才是一份能夠感動對方的企劃書？如果你被問到這麼基本的問題，會怎麼回答呢？

如果你經常有機會寫企劃書，可能內心早就察覺到自己一直很重視的東西。不妨藉著這次機會，嘗試將它言詞化，這也算是對自我的檢查。接著，請你試著寫下來看看。

【企劃書】

如何寫出易懂的企劃內容？

思考
（有什麼想法？
感覺？）

理由
（為什麼這麼想？
為什麼這麼覺得？）

＊＊＊

兩分鐘到了。你覺得如何？

即使寫企劃書的機會很多，但你是否發現自己不常花時間思考？並且沒有把撰寫企劃書時的重要原則言詞化？

透過這次練習，讓你有機會重新思考，並試著將這些想法加以言詞化，應當有助於提升你撰寫企劃書的技巧。以後突然被問到類似的提問時，你不但能立刻秒答，也能成為平時撰寫企劃書時的基準。這將節省之後撰寫企劃的時間，同時也能讓你在檢查企劃書時更加客觀。

附上這次的筆記參考範例，**從「寫一個有故事性的企劃書」開始，就這個角度重新檢視現在所寫的企劃書**，磨練自己寫出更好懂、更打動人心的提案。可以更進一步思考如何寫出打動人心的企劃書，若能把這個過程言詞化，或許當你的後輩煩惱著如何撰寫企劃書時，就能給他適合的建議。

這次訓練的問題，對職場的各種場景都能派上用場，希望儘可能重複練習。

【企劃書】

如何寫出易懂的企劃內容？

①思考
（有什麼想法？
感覺？）

- 寫一個有故事性的企劃書
  - 注意表達的「順序」
  - 思考「一開始要說明什麼，其次要說明什麼」
  - 想像閱讀者的想法來思考故事性

②讓想法更加具體
（這代表什麼意思？）

---

③理由
（為什麼這麼想？
為什麼這麼覺得？）

- 人們在充分理解故事後，能夠認同接受
  - 突如其來告訴對方企劃內容帶來的利益，對方也難以立刻認同
  - 依循故事來表達，人們較容易認同
  - 產生認同感時，對企劃內容也就容易產生共鳴

④讓想法更加具體
（這代表什麼意思？）

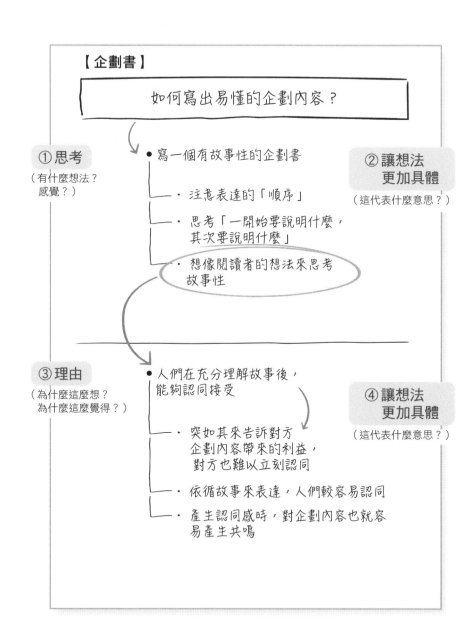

【工作事項管理】如何提高工作效率？

下一個練習問題的主題是工作事項管理。

想讓工作更有效率、不想因為延誤而給其他同事或客戶添麻煩——相信應該大家都有類似這樣，因工作方式而感到煩惱的吧？

當每天為了工作疲於奔命時，要找到重新檢視工作內容的機會，可能不太容易，但相信各位應該都有因工作內容出錯、而遭到前輩或客戶指責的經驗。

不過，我認為這並不是什麼嚴重的問題。

【工作事項管理】

如何提高工作效率？

思考

（有什麼想法？
感覺？）

理由

（為什麼這麼想？
為什麼這麼覺得？）

反過來說，為什麼會被罵？該怎麼做下次才不會造成他人困擾？**將失敗帶來的教訓，轉化成具體的文字和言詞，這才是最重要的一點**。如果無法將失敗的經驗應用在下一次的工作上，其實十分可惜。

然而，這樣的反省如果沒有確實言詞化，你很快就會遺忘，而且可能還會頻繁地犯下相同的錯誤。這次的問題直接關係到平日的工作，十分有幫助，希望你要帶著正面的心態進行練習。那麼，兩分鐘計時開始！

＊＊＊

兩分鐘到了！如何？你在言詞化訓練上，是否漸入佳境了呢？

和第一次練習的時候相較之下，你是否有些驚訝：「咦？真意外，寫起來沒有想像中那麼辛苦了。」如果有這樣的感受，就是言詞化能力提升的證據，對自己更有自信一些吧！

各行各業的工作事項管理所要注意的重點，可能有極大的差異，本書就不

【工作事項管理】

如何提高工作效率？

①思考
（有什麼想法？
感覺？）

- 回想自己在工作上白費工夫的事項
  - 不自覺地一再確認資料或電子郵件
  - 為了避免犯錯而過度檢查
  - 決定資料、電子郵件只確認「一次」

②讓想法
更加具體
（這代表什麼意思？）

---

③理由
（為什麼這麼想？
為什麼這麼覺得？）

- 只確認「一次」就好，以提升工作效率
  - 重要的是提高「一次」的專注力
  - 不要陷入完美主義
  - 把省下來的時間用來做其他工作

④讓想法
更加具體
（這代表什麼意思？）

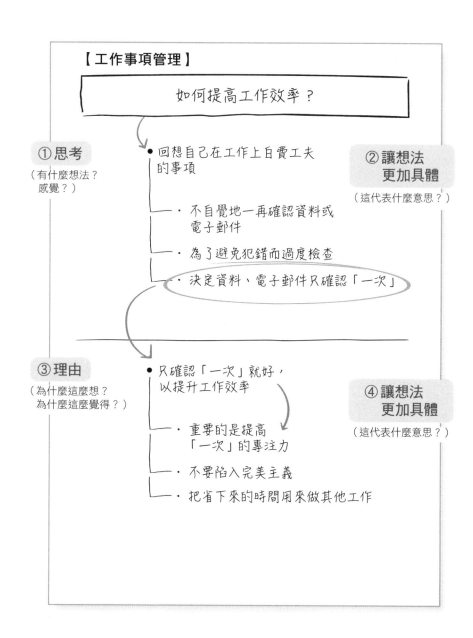

深入討論具體內容。不過，我想分享一些關於這個主題的思考提示。

在思考「如何提高工作效率」的時候，不要開始想一些抽象的概念，**而是先回想有關這個問題在過去曾發生的事情**。

回想過去曾發生的狀況，現在的自己有什麼想法、有什麼感受，將它轉化為言詞。藉由這樣的做法，應該就能自然而然寫出你獨特的「想法與意見」。

關於「如何提高工作效率」，需要言詞化的並不是老生常談的理論，而是你獨一無二的「想法與意見」。**回想工作速度太慢而遭到指責的經驗，然後把自己的想法、感受寫成筆記，才是這項練習的重點。**

這麼一來，你獨特的工作事項管理的觀點就能轉化為言詞，這一點非常重要！我會在第五章更進一步詳細說明。

【及時匯報】遇到問題，該如何解決？

接下來是以工作上的「及時匯報」為主題來練習，和前一個「工作事項管理」的練習相同，萬一遇到工作中發生問題時，能否做到職場上重要的「及時匯報」，會有很大的差異。因此，請回想自己的狀況來閱讀以下情境設定。

你正在公司的座位上工作，同事帶著十分困擾的表情走到你身邊，你覺得有些不對勁，於是低聲詢問，避免引起其他人注意。

你：「怎麼了？」
同事：「協力公司出包，客戶快氣炸了！」
你：「咦？怎麼回事？」
同事：「這時應該怎麼辦才好，你可以給我一點意見嗎？」

來，如果是你，會怎麼回答呢？
盡快寫在筆記上吧！

＊＊＊

兩分鐘到了。結果如何呢？
在工作中，難免都會發生問題，而根據工作性質差異，問題的解決對策都不同，所以當問題發生時，可能難以每次都給予專業的建議。

【及時匯報】

遇到問題，該如何解決？

思考
（有什麼想法？
感覺？）

理由
（為什麼這麼想？
為什麼這麼覺得？）

但是，不論什麼樣的工作，**問題發生的基本解決對策就是「及時匯報」**。在及時匯報時要注意的思考方式及重點，應該可以運用在解決各種不同類型的問題上。

並不是單純地「及時匯報」就好，也包括在進行匯報時，必須得注意的要點。若是能確實將這些要點言詞化，我想，當有人找你商量時，一定能提供實用的建議給對方。當你給的建議能順利解決問題時，別人對你的評價也能一口氣上升，覺得你是「有困難時能信賴的對象」。

更不用說，當你被捲入麻煩時，這些「及時匯報」的重點也能派上用場。

將這個問題的答案在腦中言詞化，也能提升你的工作事項管理能力，因此在時間許可範圍的情況下，不妨多練習幾次，提高言詞化的準確性。

【及時匯報】

遇到問題，該如何解決？

①思考
（有什麼想法？感覺？）

- 思考對方生氣的心理
  - 思考是對什麼事情生氣
  - 思考對方生氣的點跟自己想的是否一樣
  - 好好處理對方真正生氣的原因

②讓想法更加具體
（這代表什麼意思？）

③理由
（為什麼這麼想？為什麼這麼覺得？）

- 很多時候，真正生氣的理由是其他事情
  - 人們未必會說出真正的理由
  - 人們未必理解自己真正生氣的理由
  - 或許對方只是希望得到認同

④讓想法更加具體
（這代表什麼意思？）

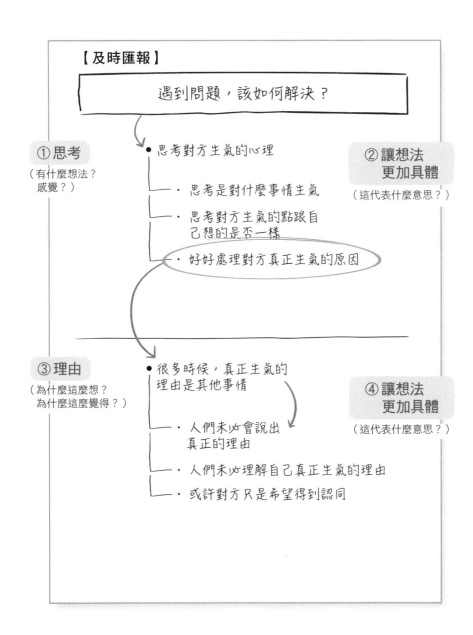

【情緒管理】對工作感到煩躁的真正原因？

接著，在下個問題中，我想以「情緒管理」為主題來進行言詞化練習（可能會和前面的問題有一些重疊）。

你正和同事一起用餐，忍不住開口抱怨。

你：「最近常常覺得工作好煩喔……」

【情緒管理】

對工作感到煩躁的真正原因？

思考

（有什麼想法？
感覺？）

理由

（為什麼這麼想？
為什麼這麼覺得？）

同事：「是不是因為太忙了？」
你：「我也不太清楚原因，究竟是為什麼呢？」

為什麼你會覺得焦躁呢？一邊回想最近在工作上感到煩躁的狀況，一邊進行這個問題的言詞化練習。

＊＊＊

兩分鐘過去了，如何？

任何人都有曾經在工作上感到煩躁的時候，因此，當你察覺到「我現在很煩躁時」，要知道該如何應對才好。因此，確實將理由及應對方法言詞化相當重要。

舉例來說，工作進行的狀況不如預期，難道完全是其他人的錯嗎？說不定是你安排的方式太過沒有章法，以致工作無法如預期般地進行？又或是因為無

【情緒管理】

對工作感到煩躁的真正原因？

①思考
（有什麼想法？
感覺？）

②讓想法
更加具體
（這代表什麼意思？）

- 被工作對象看扁
  - 完全沒有回覆訊息
  - 會議的主導權也在對方手上
  - 或許原因在自己身上

③理由
（為什麼這麼想？
為什麼這麼覺得？）

④讓想法
更加具體
（這代表什麼意思？）

- 沒做錯事也在道歉
  - 習慣動不動就說「對不起」
  - 一昧道歉，無法建立對等關係
  - 建立對等關係超級重要

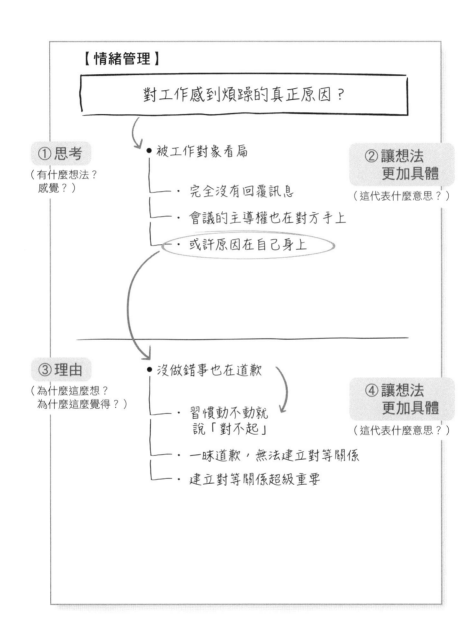

謂的自尊心造成煩躁的原因？

像這樣回想過去在工作上感到煩躁的經驗，**猶如一場和自我的深入對談，透過書寫筆記來言詞化，自我分析為什麼當時感到煩躁。**相信這樣的做法，一定能找出你煩躁的真正原因及解決對策。

【自我分析】什麼是你「眞正想做的事」？

接著，我們以「自我分析」為主題來進行言詞化練習。

情緒管理雖然也是自我分析的一環，但這裡是針對「對於現在的工作有什麼樣的感受」這個大哉問，進行言詞化的書寫練習。

如果覺得對於目前的工作有什麼不滿或提不起勁，希望你務必把下面的假設情境代入自身的狀況來練習。

地點是在居酒屋。你和睽違數年沒相聚的幾位同期一起喝酒。在不同部門、工作內容也完全不同的同期，每個人似乎都在自己的工作崗位上十分活躍。但你聽了他們的言談，心情卻開始變得有些低落。坐在你隔壁的一位同期注意你的樣子不太對勁，於是對你說。

同期：「你還好嗎？怎麼突然不太說話了？」

你：「聽了大家的話，覺得好像只有我一個人沒什麼長進。」

同期：「怎麼了呢？發生什麼事了嗎？」

你：「總覺得現在的工作似乎不太適合我。」

同期：「原來如此……那麼，你真正想做的工作是什麼呢？」

當你被這麼一問時，會怎麼回答？現在就請你開始練習寫下來，時間限制兩分鐘。

＊＊＊

【自我分析】

真正想做的工作是什麼？

思考

（有什麼想法？
感覺？）

理由

（為什麼這麼想？
為什麼這麼覺得？）

兩分鐘時間到！我想，能夠立刻回答真正想做什麼工作的人應該不多。但是，在找工作的時候，你應該曾經自我分析過，對面試官明確地回答過想做的工作。然而，一旦成了社會人士，許多人因為日以繼夜的忙碌，我想實際現況是可能連思考到底想做工作的時間都沒有。

真正想做的工作無法言詞化的情況，我覺得十分可惜。如果對自己而言，不清楚工作的長遠目標、只是埋頭工作，很難提升幹勁。因為無法告訴其他人你想做什麼樣的工作，所以那些工作機會也不會找上門，也會對你現在的工作造成各種不良影響。

反之亦然。**如果你能清楚表達真正想做的工作，一定能改變目前自己對於工作的態度，同時也會反映在工作成果上。**知名的棒球選手大谷翔平在高中時，曾使用曼陀羅表寫出八十一個目標，製成「目標達成卡」。可見透過言詞化，確實對於意識與行為會產生改變。靈活運用言詞化訓練，問問自己「真正想做的工作」是什麼，相信這個答案其實早就在你心中了。

【自我分析】

真正想做的工作是什麼？

①思考
（有什麼想法？感覺？）

- 主導權更高
  - ‧能清楚了解自己的貢獻度
  - ‧希望在小一點的團隊裡工作
  - ‧即使年輕也能充分表達意見的工作

②讓想法更加具體
（這代表什麼意思？）

③理由
（為什麼這麼想？為什麼這麼覺得？）

- 因為希望獲得他人認同
  - ‧能獲得他人認同，工作幹勁也會更高
  - ‧主導權低，很難理解是否獲得認同
  - ‧主導權提高一點的話，就比較清楚自己的貢獻度

④讓想法更加具體
（這代表什麼意思？）

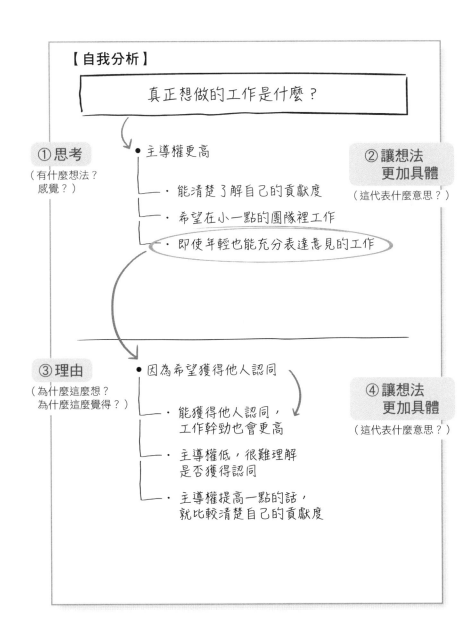

【轉職】為什麼想去那家公司？

接著，下一個練習的問題，是以「轉職」為主題。

近年來，工作轉換跑道已經是相當普遍的現象，也有愈來愈多人認為「從來都不曾換過工作，對於職涯未必是好事」。我大約是二十年前開始就業，看到現在的價值觀，已有恍如隔世之感。

然而，轉職並非「目的」，只是你透過工作獲得想要的某些事物的「手段」，我想這個本質不論今昔應該都沒有改變。

【轉職】

為什麼想去那家公司？

思考
（有什麼想法？
感覺？）

理由
（為什麼這麼想？
為什麼這麼覺得？）

你希望透過換工作獲得什麼？倘若能以言詞清晰表達，不但對於要轉換跑道能更有幫助，相信也能減少你在轉職時內心的舉棋不定，或是轉職後才後悔不已的狀況。

無論現在有沒有打算換工作，身處於這樣的時代，因此即使只是假設也沒關係，想像自己期望著能去上班的公司，試著寫下筆記。

時間限制兩分鐘，立刻開始吧！

＊＊＊

時間到！你覺得如何呢？

這次的問題練習是設定為想轉職過去的公司。思考自己為什麼想去這家公司，就和思考你希望從工作中所獲得的事物是相同的。

現在的你，希望從工作中獲得什麼呢？工作的內容、公司的規模、能賺多少錢、是否擁有個人時間？以及在選擇工作時的種種因素當中，你最重視的重

【轉職】

為什麼想去那家公司？

①思考
（有什麼想法？感覺？）

②讓想法更加具體
（這代表什麼意思？）

- 希望透過工作接觸更多人
  - 希望提高溝通能力
  - 也許溝通能力，就是一個人需具備的軟實力
  - 想要從事能培養這樣軟實力的工作

③理由
（為什麼這麼想？為什麼這麼覺得？）

④讓想法更加具體
（這代表什麼意思？）

- 與人相處的軟實力可以運用在任何工作上
  - 自己的職涯還很長
  - 培養這種能力可以終身受用
  - 透過工作可以磨練自己

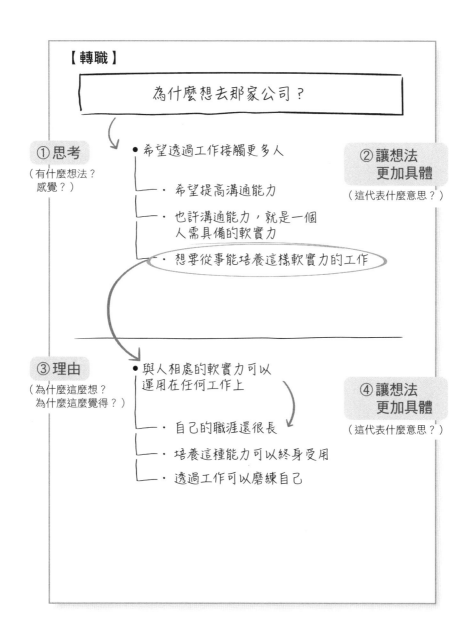

點是什麼？理由又是什麼呢？

把心中模糊不清的工作價值觀，運用「言詞化練習」，清楚寫成文字；這麼一來，相信應該能讓你再次發現真正想要從工作中獲得的是什麼？

如果你想了想，覺得現在根本還沒想要換工作，可以把問題的內容，稍微修改成「為什麼想待在現在的公司工作？」

如果你能夠透過言詞化，來表達對現在任職的公司與工作所感受到的魅力，相信從明天開始，你會改變對工作的意識與行動，朝著更好的方向發展。

【自學】爲什麼要學英文？

下一個言詞化訓練的主題，是「自學」。

近年來，許多社會人士在進入職場後，為增強技能而繼續進修。例如前面提到的主題，為了換工作而進修語文、為了取得證照而讀書，或是為了更深入學習有興趣的領域，工作之餘就讀在職專班。當在思考「人生一百年時代」[1]的職涯規劃時，我認為這是很了不起的事。只是有許多人即使一開始鬥志高昂、投入學習進修，往往因為工作或私事的各種忙碌，以致不知不覺中無法再持續下去。

【自學】

為什麼要學英文？

思考
（有什麼想法？
感覺？）

理由
（為什麼這麼想？
為什麼這麼覺得？）

遇到這種時候，更應該設法練習言語化。成人時代的學習和學生時期不同，既非義務教育，考不好也不至於留級，幾乎都是基於自己的意願去進修。

由於白天非工作不可，也必須保留和家人在一起的時間，也希望擁有休閒的時光。在這種狀況下，**若是能明確地理解「為什麼我要進修學習？」那麼，當你覺得挫折時，只要回想進修的理由，就能轉換心情而投入學習。**

這次主題是許多人會選擇自學的「英語」，如果你進修的是英語以外的項目，不妨把「英語」替換成你正在學習的主題。時間限制為兩分鐘，現在就開始吧！

＊＊＊

兩分鐘時間到，你覺得如何呢？這次是以「為什麼進修英語」為主題來思考。

當你在寫筆記時，是不是回想起來，學習英語本身並非目標，而是希望運用英語來實現什麼事情？或是在工作和人生中想完成的最初目標呢？你應該已經發現了，學英語都只是為了達成自己內心目標的工具而已。

【自學】

為什麼要學英文？

①思考
（有什麼想法？
感覺？）

- 希望可以在國外工作
  - 希望在國外從事解決糧食問題的工作
  - 糧食問題是全球性的嚴重問題
  - 希望全世界因飢餓而受苦的人減少

②讓想法
更加具體
（這代表什麼意思？）

③理由
（為什麼這麼想？
為什麼這麼覺得？）

- 在國外當志工時，看到為了飢餓而受苦的人
  - 希望能把當時的經驗用在工作上
  - 希望投入志工無法解決的根本問題
  - 希望協助當志工時期照顧自己的那些人

④讓想法
更加具體
（這代表什麼意思？）

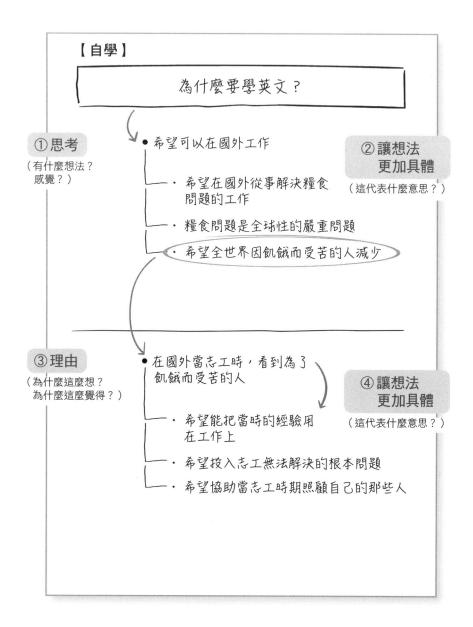

這種「目標與工具顛倒」的狀況，不只是發生在自學進修上，也會發生在其他場景。例如，公司前輩對你說：「想個企劃案，既然要做就做有趣一點的！」結果一回過神來，才發現自己竟然把「企劃要怎麼做才有趣」當作目標，完全忽略這個企劃原本要達成的願景。又或是主管交待：「後天要交提案！」結果，你只顧著在截止期限之前提出，而忽略提案本身的內容。

這是因為人類的本能會想要先解決眼前的問題，卻忽略了原本的目標。這時候言詞化練習就派上用場，**原本的目標清楚地轉化為言詞**，你就能時時刻刻在偏離目標之際，警覺正在做什麼，能回到原本的目標。

以這次的問題來說，你就能回到當初想學習英文的目標，就更容易持之以恆。這件事很重要，我在第五章會更進一步說明。

---

1 二〇一六年，英國倫敦商學院教授林達．葛瑞騰（Lynda Gratton）和安德魯．史考特（Andrew Scott）提出「人生一百年時代」的概念，大膽預測：二〇〇七年後所出生的人，兩個人當中就會有一個人可以活過一百歲。

【閒聊】對自己而言的「放鬆」是什麼？

實踐篇的最後，我想以「閒聊」為主題來練習言詞化。

這幾年由於遠距上班的情況增加，工作空檔中閒聊的價值似乎再次受到注意。我個人居家上班的機會也增加了，因而感受到要在視訊環境下，和同事若無其事地閒聊真的非常困難。

透過談天說地，能發現自己未注意到的新觀點及資訊，因此無法有這種閒聊，讓我十分煩惱。在視訊溝通的環境下，要怎麼做才能增加聊天閒談的機會？

【閒聊】

對你而言的放鬆是什麼？

思考
（有什麼想法？
感覺？）

理由
（為什麼這麼想？
為什麼這麼覺得？）

若是能以這樣的主題一起激盪創意，我想一定十分有趣，但這並非本書的目的，本書重點是以磨練言詞化為主軸。

因此，這次就以「放鬆」為關鍵字，把近年減少的工作閒聊變得更有意義。現在就將你的想法與意見轉化成言詞，當成閒談時的聊天資料庫，準備好紙和筆，開始練習吧！

＊＊＊

兩分鐘到了。如何？這次的主題，更沒有所謂的正確答案。

你最近一次感到放鬆的瞬間是什麼時候？當時是什麼樣的心情？為什麼會覺得很放鬆？有沒有其他類似的經驗？童年時曾有類似的初次體驗嗎？

有如在採訪自己一般，把過去沒有轉化為言詞、對於「放鬆」這件事的模糊感受，盡可能具體地寫出來。

【閒聊】

對你而言的放鬆是什麼？

①思考
（有什麼想法？感覺？）

- 在老街漫步
  - 尤其在大稻埕一帶特別感到放鬆
  - 商店街的氣氛令我身心放鬆
  - 古色古香的建築或風景格外能放鬆

②讓想法更加具體
（這代表什麼意思？）

③理由
（為什麼這麼想？為什麼這麼覺得？）

- 「古色古香」具有放鬆的力量
  - 可以忘記每一天的繁忙
  - 可能因為平時都在近代建築中工作的關係
  - 喜歡童年時感受到的悠閒時光

④讓想法更加具體
（這代表什麼意思？）

這次，光是閒聊這個主題的提問，就有源源不絕的題目可以思考。請務必重複言詞化的練習，當天突然注意到的新聞，或是上下班途中偶然看到的景象，可以從你在意的主題開始。

總之，稍微引起你注意和好奇的任何事情，兩分鐘就好，寫成筆記。只要養成這個習慣，你的言詞化能力一定能提升。這麼一來，不用幾個月，即使只是閒聊，也能迅速又具體的表達自己的想法或觀點。

在這一章設定了許多能應用在職場上的具體問題，實踐言詞化能力的筆記練習。在實際嘗試過後，相信各位都能體會到，這個訓練並不困難。

努力到這裡之後，接下來就靠你每天的實踐了。只需要持之以恆地進行這個十分簡單的練習，言詞表達力就能確實又有效的提升。

接著在最後一章，我打算介紹自己從事廣告文案撰寫人的經驗，在工作時曾經體會到有助於更加提升言詞化能力的重要思維及方法。希望配合前面的言詞化書寫訓練，對於增進你的表達力有所幫助。

第五章

讓秒回表達更有深度的專家級練習

針對一個問題或主題，把浮現腦海的想法寫下來，
一開始「想到什麼就寫什麼」，
這是前面的篇章一再強調的重點；
只要養成這個習慣，言詞化能力應該就能大幅提升。

如果你希望更進一步提升表達的能力，
將「任何主題都寫寫看」稍做分解，
試著去注意「書寫的內容」本身。

但是，要注意內容的什麼呢？

在這一章，我會說明秒回表達力的進階練習，
做為本書的收尾。

沒有限制，反而不知道怎麼寫才對

讀過前面的內容，我想你應該已經十分了解什麼是言詞化的能力，也已經知道磨練言詞化能力的重要性以及如何使用書寫筆記來練習言詞化的能力。

尤其是在第四章實際練習一張A4紙的書寫訓練，了解如何把想法轉化成具體文字寫出來後，我想大家應該已經體會到其中的效果，希望在讀完本書後能繼續持之以恆地練習。

不過，或許有讀者希望除了這個練習，還想了解更進一步提升表達力的方法。

本書最後的第五章，我打算介紹自己在廣告文案撰寫的工作中，從言詞化這個角度所重視的習慣、思維、具體方法等，作為本書進行「想法轉化成言詞」訓練的輔助，相信一定能助你在鍛鍊言詞化時的一臂之力。

未來當你在投入言詞化訓練時，或許會產生這樣的煩惱：這個練習讓你完全自由發揮時，可能反而不知道該從哪些題目著手開始。

乍看之下沒有任何限制、無限自由，其實反而令人束手無策——我平時在書寫文案或製作廣告時經常有這樣的感受。

舉例來說，如果客戶告訴我：「這次的廣告，沒有預算限制，你可以自由挑選任何一款產品，也可以針對任何目標客群，你可以自由發揮創意。」坦白說，要是客戶這麼說，我會感到疑惑，反而會想問：「有沒有任何具體的挑戰或要解決的問題，可以讓我作為思考的創意起點呢？」

像這樣因為太過自由反而不知道該從哪個方向思考，結果陷入一無所得的窘境，我想不只是文案或廣告製作，在任何工作中的某些限制，會激發人類動腦突破限制、克服難關。

本書所介紹的言詞化訓練，就某種意義來說十分自由。當然，「題目」、「思考」、「理由」等設定，是進行訓練時的限制，但筆記書寫完全可以自由發揮，沒有所謂的標準答案。

也因此，可以想像大家在練習時，**可能會因為太過自由而不知從何下筆，或是擔心寫出來的內容是否有意義**。若是你在書寫練習時感受到這些煩惱，希望你務必注意：寫筆記時，同時要「回憶自身經驗」。

一邊回顧自己的經驗，一邊寫下想法

光是用說的太抽象，我們可以運用第四章的實踐篇中的練習問題，一起思考看看。

問題：「現在的團隊，要面臨什麼樣的課題？」

在上一章已經實際練習過這個問題，因此，我想請你一邊回顧之前的練習，一邊看看以下的說明。

首先，針對這個問題，你回顧了哪些經驗？我想，在你腦海中可能浮現了團隊成員們的臉孔，或是過去團隊一起合作投入的工作記憶，再次湧上心頭。

那麼，當思考「團隊所要面臨的課題」時，是否能源源不絕地將剛剛浮現腦中的畫面寫出來呢？

如果你的筆停滯不前，或許是想到的事情還無法言詞化，或是連你自己也並不是十分清楚、要回答這個問題時該回憶哪些經驗。

遇到這種時候，希望你透過筆記針對「問題」進行言詞化時，務必要意識到的是「回顧自身的經驗」。

以這次的提問來說，首先是回想自己在團隊中的經驗。包括團隊開會、團隊在休息時間的閒聊、一起外出用餐等等，在你的記憶中，絕對有許多有關團隊的種種經驗。

想像一下，這就像是一一打開記憶的抽屜，**把內心沉睡已久的經驗記憶，轉化為言詞的過程。**

「『言詞化訓練』就是針對問題，把自己的經驗從腦中的抽屜一一拉開的過程」，只需記住這一點，是否就覺得好像寫得出來了呢？

不光是言詞化訓練，無論任何工作，只要有某個起點或自己的模式，就能較為順暢地進行下去。

再次強調，**轉化為言詞的起點，就是「回顧自身經驗」**。只要你記住這件事，透過書寫記，就能自然地鍛鍊出言詞化能力。

只不過，在回想自身經驗時，有一個很重要的關鍵，那就是**「什麼叫做『經驗』？」**如果被問到這個問題，你會怎麼回答呢？是否能理解「經驗」的意涵，對於提升表達能力非常關鍵，因此我打算更進一步詳細說明。

經驗，就是「事件」加上「感受」

什麼叫做經驗？如果有人這麼問我，我會回答經驗是由「事件」及「感受」這兩個要素所組成。

所謂「事件」，**就是過去體驗的事實及事項本身；而所謂「感受」，則是指透過過去體驗的事實及事項，而產生的個人感受。**

當有人要你回顧過去的經驗時，出乎意料地，大多數的人都只想到「事件」，只有極少數的人意識到「感受」。

「經驗」是什麼？

經驗

＝

事件

（團隊針對簡報一事開會）

＋

感受

（只有小組長發言，團隊成員很少坦白交換意見）

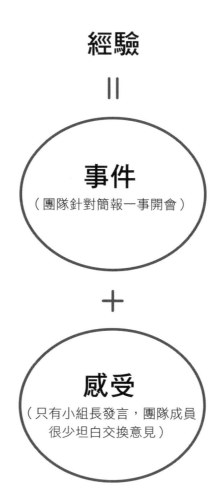

這麼說可能比較抽象，或許不太容易理解我的意思。舉前面的例子來說明，以「現在團隊面對的課題是什麼？」的言詞化訓練主題，稍微說明「事件」及「感受」的差異。把腦中「團隊面臨的課題」的想法轉化為言詞、寫在A4紙上時，首先進行剛剛所說，回想「在團隊的經驗」。例如：回想一下，最近團隊開會時，你記得什麼？

在回顧時，重要的是不要僅止於「之前團隊開會」這個「事件」，如果只回顧了「事件」，你的意見及想法並沒有言詞化。**對於這個「事件」，你的「感受」是什麼？回顧必須進行到這個程度，才算是「回顧團隊的經驗」**。

舉例來說，開會時如果只有組長發言，你應該會覺得「團隊溝通不良」，或「成員不夠積極」等等，對嗎？這些「感受」，才是你對於團隊感受的模糊意念、要轉化為言詞的瞬間；光是回想事件經過，是無法達到把感受化為言詞的目的，必須做到回想出「事件」及「感受」，才算是成功的言詞化。

記住這個原則，接著看下一頁的兩種言詞化訓練的筆記（原本的「思考」

A

目前的團隊需要面對的課題是什麼？

①思考
（有什麼想法？
感覺？）

- 團隊的成員最近開會時發言不太踴躍
  - 不知不覺中開會都變成部長在唱獨角戲
  - 團隊成員不太發言
  - 尤其線上會議的人幾乎完全不講話

②讓想法
更加具體
（這代表什麼意思？）

B

目前的團隊需要面對的課題是什麼？

①思考
（有什麼想法？
感覺？）

- 團隊內部坦誠相互發表意見的氣氛極為重要
  - 打造一個年輕人更敢於發言的氣氛十分重要
  - 需要有團隊成員可以實際面對面的地點
  - 應該增加團隊不談工作，可以閒話家常的時間

②讓想法
更加具體
（這代表什麼意思？）

和「理由」內容，這裡只有截取「思考」的部分）。你認為哪一個更接近想法及意見的言詞化筆記呢？

A只是一味地寫出回想自身團隊有關「事件」而寫成的筆記；B則是透過事件，把自身的感受也清楚地寫成文字。比較這兩則筆記時，應該就能看出B的筆記把想法及意見轉化成言詞的表現得更好。

在言詞化訓練中，要回想過去的經驗，並且在發生的事件中，將感受寫成筆記。這樣才能使本書的訓練更加有效，請一定要實際練習看看。另外，回顧過去經驗而成為加強表達力的關鍵，並不只適用於言詞化訓練。如果遇到開會時突然被提問的狀況、撰寫企劃書時明確的表達想法，以及其他任何在職場上被徵求「想法及意見」的情境，首先抱著「回顧經驗」的意識，一定對你有幫助。

再次強調，**回顧經驗之際，不只是回憶「事件」本身，也要一併回想「感受」，然後盡可能表達出自己的感受**。養成這個習慣後，即使突然有人把問題拋給你，我想你一定也能自然而然說出自己的獨特見解。

回顧經驗時，要聚焦在「情感」

經驗的回顧不只回憶「事件」本身，也要一併回憶「感受」，這個做法能很自然地將你的想法與意見轉化為言詞。因此，只要能不斷輸出、寫成筆記，最終就能做到又快又有料的秒回表達了。

現在起，**請你在回顧經驗時，務必要一同回顧「感受」**。接下來，我將說明把感受轉化為言詞的訣竅。

當你被要求「回憶過去經驗」的過程中，必須同時回想「感受」時，我想可能有許多人覺得不太容易做到，畢竟這些都過去了，未必能清楚記得當時的感受。

雖然過去你對於當時發生的事件，一定有什麼感受，但沒有形成言語而是以模糊不清的樣貌沉睡在腦中，因此，即使要你回憶「感受」，以言語表達也無法輕易做到。

那麼，有什麼線索能讓我們回想起那些感受？**關鍵字是「情感」**。這是什麼意思呢？以下就為大家進一步詳細說明。

人們平時懷抱著形形色色的情感而生活，如下頁圖表所顯示，當我們把情感的種類試著言詞化時，會發現其實人們有許多不同的情感。當然，我想沒有人會把現在處於什麼樣的情感一一言詞化，但實際上，在面對不同場景，一定也會有更多不同的情感。

舉例來說，與孩子接觸時的情感、看電影時引發的情緒、在超市購物時的心情、看到新聞時的情緒波動，其他還有許許多多，只要活在這世上一天，就

情感的種類

包容	信賴	敬愛
平靜	喜悅	狂喜
關心	期待	警戒
焦躁	生氣	憤怒
厭煩	厭惡	憎恨
哀愁	悲傷	悲慟
放心	驚嚇	驚悚
不安	恐懼	恐怖

情感的強度 →

會產生的無數情感。

當然，工作時也是。在團隊中工作時所生的情緒、與部屬說話時產生的心緒、聆聽客戶煩惱時的心境、進行簡報時衍生的心情、撰寫企劃書時的情感、煩惱工作怎麼進行時湧現的情緒等等。還有許許多多無法一一細數的種種情感，因為工作的每一個瞬間，你的內在都會持續地衍生某種情緒。

有沒有那麼一瞬間，過去的事情突然讓你湧現某種情感？有沒有經歷過情感起伏激動的瞬間？透過這樣的方式，將注意力轉向自己過去情感的波動，將成為你在回想起那些時刻的「感受」的觸發點。

我們的情感總是無時無刻在傳遞未曾言詞化的訊息，透過聆聽這些訊息，將是你把想法與意見轉化為言詞的第一步。因此，希望你能對自己的情感變化經常保持高度敏銳。

社群媒體的PO文，也能練習加強表達力！

我剛從事文案撰寫工作的時候，還沒有出現社群媒體這樣的工具。因此當形形色色的社群媒體如雨後春筍般誕生時，對於從事文字工作的我而言，當年因推特（Twitter，現已更名X）的登場而受到的衝擊，至今仍然記憶猶新。

推特（X）訊息的發布基本上是文字，而且有字數的限制。當時我雖然存疑：這麼多的限制，大家會想用嗎？但從發布當時到現在已有十五年，如今已成為眾多人日常生活的一部分，有這麼多人在平日中以文字來傳達自己的感受，可說是有史以來不曾有過的光景。

不過，像這樣「特意把感受轉化為文字」的行為，不正是言詞化的過程嗎？如果你並不抗拒使用社群媒體，請積極運用它作為鍛鍊的工具。

當運用社群媒體作為言詞化訓練時，也務必注意分享經驗，也就是一併分享「事件」及這個事件的「感受」。

我們就這一點再進一步想想看。不過，先聲明一點，接下來我要說明的是針對運用社群媒體來進行言詞化訓練。或許會有人不滿：「我在社群媒體高興怎麼寫就怎麼寫，管那麼多！」希望你別生氣，先繼續讀下去。

舉例來說，你打算在社群媒體上記錄假日和公司同事一起去露營的事情，你會寫些什麼呢？是不是一開始會把浮上腦海的事直接寫下來呢？

「我和公司同事去露營！」

這個內容，就是「事件」本身。若是希望運用社群媒體來鍛鍊言詞化，事件發生的「感受」才會是重點。

「很訝異主管竟然廚藝這麼好！」
「原來露營可以看出一個人的廚藝好壞。」
「廚藝這麼好的人平時在家可能也經常下廚。」
「露營也能看出一個人在家的樣子。」
「露營可以看出一個人不同的一面。」
「平時我可能只看到主管工作上的一面。」
「每個人都有在公司看不到的魅力。」
「今後我要多觀察每個人其他的面相。」
「定期舉辦露營活動，或許可以凝聚團隊力量。」
……

我想，一定還有其他更多感想。像這樣透過「事件」，不斷把你的「感受」寫下來。許多以往未曾言詞化、那些露營時的愉快時光，透過在社群媒體發文，一一再度浮現眼簾。如果你只寫了一句「我和公司同事去露營！」就結束，這些感受和想法，很可能永遠都不會以言詞化的方式被表達出來。

此外，當假期結束回到公司上班時，主管問你：「這次露營好玩嗎？」你一定能明確地表達自己的感想，而不是平淡的一句「……嗯，很開心」，就句點了。

讀到這裡，我想你或許已經發現，這和我在第三、四章詳細介紹的「言詞化訓練」的基本目的相同。

我認為，**運用社群媒體的發文來進行言詞化訓練，是使用筆記練習的延伸，**這是因為大家都知道，在社群媒體中，任何人都有機會看到你所寫的內容。

本書在前面章節談到提升言詞化能力的訓練，基本上最重要的是盡可能寫出自己的經驗。

那麼，要把寫出的內容傳達給其他人，以「有傳達的對象」為前提時，有沒有必須注意的事項呢？接下來，讓我們一起思考書寫時「傳達效果的言詞」的重要性。

秒回表達的加分技巧

前面一再強調「言詞化」，難道只是把模糊的想法及意見單純轉化成言詞並寫下來嗎？如果要這麼詮釋的話，我覺得並非如此。

說到底，你想要提升表達能力的目的是什麼？我想應該是希望能在會議或簡報時，或是撰寫企劃書等資料時，能明確地把腦中的想法與意見表達出來、清清楚楚地傳達其他人，而「言詞化」是為了實現這個目的所採用的方法。

既然如此，無法確實傳達給對方的言詞就沒有意義。因此，把言詞化更進一步精確定義，應該是**「以對方能夠理解與共鳴的言詞，表達自己的感受」**。提升言詞化能力，就是能把你的感受準確無誤地傳達給對方，這是因為使用言詞，比起透過圖畫、插畫、肢體語言來傳達，能更容易達到這個目的。

這和第一章說過的「What to say」和「How to say」也有關聯，在第一章曾提過「說什麼（What to say）」遠比「怎麼說（How to say）」來得更重要，這個原則不曾改變。

只不過，當你先自行整理出「說什麼（What to say）」以後，可以透過思考「怎麼說（How to say）」來改善你的想法與意見，讓對方更容易理解並產生共鳴。

我在這裡將本書所介紹的想法與意見的言詞化，整理出如下的三個步驟。

步驟①和步驟②是在第三、四章一起進行「言詞化訓練」的部分，透過你自身的經驗而產生的「感受」，換句話說，你已經學會將屬於自己的想法與意見、好好轉化為言詞的方法。

言詞化的三個步驟

經驗

＝

步驟 ①
回想「事件」

事件
團隊為了
簡報召開會議

（What to say）

＋

步驟 ②
書寫「感受」

感受
只有組長在唱獨角戲，
其他成員幾乎沒人坦誠
地交換意見

步驟 ③
把「感受」以有傳達效果的言詞表現出來

「經驗」的
有效言詞化

（How to say）

想法與
意見的
言詞化

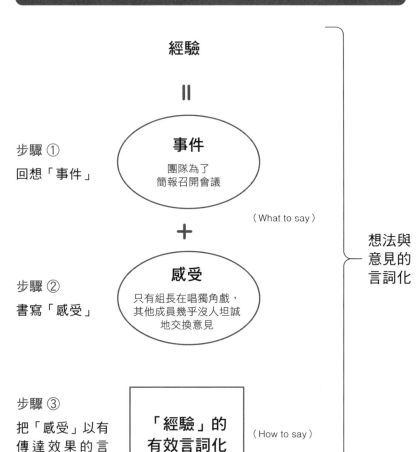

接著是步驟③，能否有效地把你整理好的「想法與意見」以言詞傳達給對方？若是連這個部分也能精益求精，你的表達能力就能更上一層樓。

只不過我個人認為，即使步驟③的主題「『經驗』的有效言詞化」無法完全實踐，也不會造成太大的影響。舉例來說，請你回想一下開會或進行簡報時的情景，即使發言者表達不夠流暢，只要內容充實，就能有效傳達出他的想法與意見，不是嗎？**重要的是發言者是否具備本身的想法及意見**，至於能否以更有效的言詞來表現，我認為只是加分作用。

不過，由於第五章是進階的延伸內容，我希望藉著難得的機會，針對步驟③「『經驗』的有效言詞化」和大家一起練習。

如果能做到那就太好了，但是如果做不到也不必放在心上，所以請放鬆心情來練習，不必太過繃緊神經。

提高「想法與意見」的傳達效益

在介紹「『經驗』的有效言詞化」之前，我想先加以說明。或許有人會認為「為了養成言詞化的能力，又要進行和之前不同的練習嗎？好累……」而感到挫折。

雖然這一章和前面說明的內容有一點差異，但基本上還是本書「言詞化訓練」的延伸，為了讓大家有更實際的體會，我想在這裡以第四章實際練習中曾設定的「會議篇」主題來練習。

這麼一來，你就能切身感受到步驟③「『經驗』的有效言詞化」的內容和前面的練習，是如何相互銜接。事不宜遲，現在就來練習吧！這個練習與之前相同，也要先請你準備紙筆。

首先，和第四章的練習相同，請你先寫下想練習的言詞化主題的題目。這次我們先以會議篇的「目前的團隊需要面對的課題是什麼？」來進行練習。因為是做過的練習，所以筆記內容相同也無所謂，但重新寫一張也可以。這次請你一邊回憶經驗，一邊把想起來的內容分為「事件」與「感受」寫下來，請注意不要忘了寫下你的「感受」。

接著，與之前一樣，計時兩分鐘，請寫下來。

＊＊＊

兩分鐘到了。請你先再次看一下所寫的內容，確認其中是否包括經驗中的「感受」。如果你覺得只寫出「事件」，請務必重新寫下有關該事件你的「感受」

現在團隊面對的課題是什麼？

①思考

（有什麼想法？
感覺？）

- 重要的是打造出能坦率表達意見的氛氛
  - 打造一個年輕人更敢於發言的氛氛十分重要
  - 增加成員互相面對面的機會
  - 應該增加團隊能閒聊工作以外話題的時間

②讓想法
更加具體

（這代表什麼意思？）

---

③理由

（為什麼這麼想？
為什麼這麼覺得？）

- 如果能認識成員的另一面，就能無關年資而獲得敬重
  - 相互尊重，無壓力地投入工作
  - 資深者和新手都各有他們擅長的領域
  - 把工作委託給擅長該領域的人，能提升工作品質與效率

④讓想法
更加具體

（這代表什麼意思？）

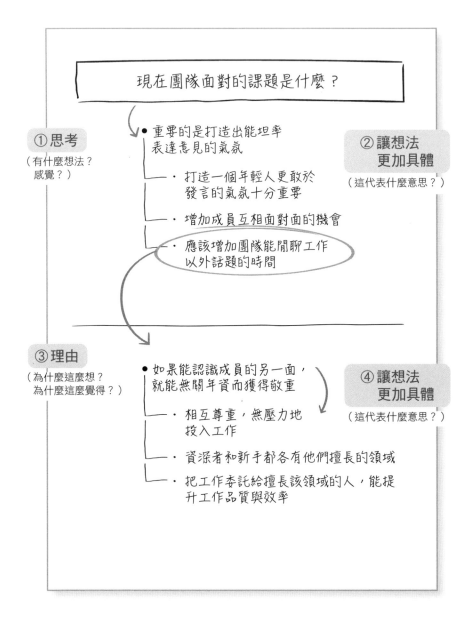

是什麼？

現在，你對團隊的感受以文字出現在筆記紙上。接著我們要開始練習如何把想法及意見更有效地傳達給對方（以前面「會議篇」的例子來說明）。在這個練習中，具體來說是以下兩個步驟為基礎，自然而然轉變成更有效傳達給對方的言詞。

① 把你寫在筆記上的想法與意見「分門別類」。

② 盡可能使用「直截了當的用詞」。

接著針對這兩個步驟，一個一個進一步思考吧！

① 將寫下的用詞分類

言詞化訓練的重要關鍵，就是針對設定的問題，把自己的想法全部寫下來。

也就是說，你寫下的內容是原本就在腦中、但尚且模糊不清的想法與意見，在未經整理的情況下直接轉化為言詞。

因此，接下來我們要把寫下來的內容中相似的部分，以你的方式進行分門別類，並為分類加上A、B……等編號。

A組是「重要的是打造出能坦率表達意見的氣氛」的意見，從當中可以看出，你認為特別是年輕成員在團隊中難以說出意見的氣氛有待解決；B組是由於近來遠距工作增加的狀況，「成員面對面溝通的重要性」。

而且，不光是面對面溝通，也能看出你感受到了「透過工作以外的閒聊話題」來加深彼此理解的時間十分重要。

像這樣，再次把條列的內容加以分門別類，我想應該能夠把你腦海中模糊存在的想法及意見清楚地整理出來。

②盡可能使用直截了當的用詞

將想法及意見分類後，接著要如何轉化為傳達給對方的有效言詞，我們來進行以下的練習，這時候希望你注意的重點是盡可能使用直接的用詞。這是因現在團隊面對的課題是什麼？

①思考
（有什麼想法？
感覺？）

A

- 重要的是打造出能坦率表達意見的氣氛
  - 打造一個年輕人更敢於發言的
氣氛十分重要

B

  - 增加成員互相面對面的機會
  - 應該增加團隊能閒聊工作
以外話題的時間

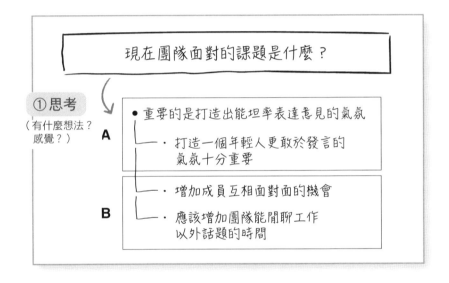

為你說的內容或書寫的內容，會比想像的中更難以準確傳達給對方。

我因為從事廣告文案撰寫工作，經常有機會參與電視廣告的製作。日本的電視廣告大多是以十五秒為單位。這時候客戶經常會要求「用十五秒來傳達情感的一句話」。

當然，電視廣告觀看時的觀眾心態，與我們在會議中或簡報試映時觀看的心態並不一樣。不過我一直認為，**當有什麼訊息要傳達給對方時，必須時時自我提醒，「不是說得愈多，就愈能達到溝通效果」。**

這裡把前面已分類過的想法及意見，根據每一個分類來進行如何直接表達的練習。**盡可能刪去形容詞，或是那些刪減後不影響傳達的訊息，將句子精簡到最短。**以我的做法精簡到最後的內容，會像下一頁的範例。

針對現在團隊所要面對的課題，你內心那些原本模糊的想法及意見，可以精簡成這麼直接的內容，這就是讓想法及意見有效傳達的表達方式。

當然，怎麼樣才是精簡而有效傳達的文章，並沒有標準答案，你可能必須

現在團隊面對的課題是什麼？

①思考
（有什麼想法？感覺？）

A
- 重要的是打造出能坦率表達意見的氣氛
  - 打造一個年輕人更敢於發言的氣氛十分重要

B
  - 增加成員互相面對面的機會
  - 應該增加團隊能閒聊工作以外話題的時間

⬇

現在團隊面對的課題是什麼？

①思考
（有什麼想法？感覺？）

A
- 打造年輕人敢於發言的氣氛

B
- 成員相聚閒聊的時間不足

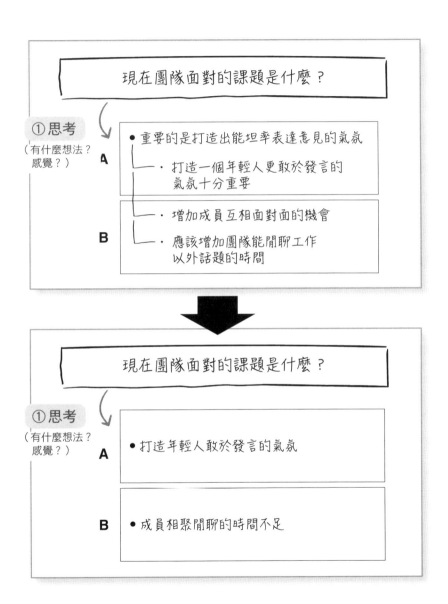

經過一再重寫修改，才能寫出自己滿意的內容。但正是透過這樣一再重寫的過程，也就是利用言詞化訓練的最後一道程序，可以讓你把內心的想法及意見內化成為自己的獨特見解。

只要以前面說明的內容為基礎，平時進行言詞化訓練，你的言詞化能力應該就能更加熟練。接下來，只需實際運用即可。

「會議中能迅速表達意見、企劃書能完整的表達想法」，非常期待你有這樣表現的一天。

最後，我想再把本書的訓練基礎，有關筆記的運用以及問題的重要性，在第五章結束前稍微再做說明。

以「問句」寫會議筆記的專家秘訣

本書為了提升言詞化能力而把「寫筆記」作為鍛鍊的方法，不過，除了訓練以外，平時工作中若能在寫筆記時多花點工夫，也可以提升你把意念和想法轉化為言詞的能力。

例如，在參加會議時，或許經常遇到需要寫筆記的時候，內容可能是會議資料中沒有列舉但以口頭補充的內容、開會討論的過程中你認為重要的內容等等，有許多情況下必須寫下筆記。這些共通點，就是日後當你想到這次會議時，有助於回想當時討論的內容（當然，行事曆等庶務性質的筆記除外）。

我在第三章介紹「書寫筆記」的功用時，提到了「MEMO」一詞的來源，這個言詞原意並不是為了自己，而是為了其他人寫下訊息。**如果會議中的筆記是為了未來的我而寫下的訊息，那麼對我而言，留下什麼樣的訊息才是有用的？**

機會難得，讓我們再次召開假想的會議，具體想像一下！請你以參加會議的心情，閱讀以下內容。

假想會議・公司內部篇

客議內容：有關食品廠商基礎調味料的新宣傳促銷計畫

出席人員：包括你在內的四名員工

這裡是公司的會議室。你們正為了客戶的基礎調味料新宣傳促銷計畫而召開「啟動會議」。剛加入團隊的你，和前輩一起參加會議。

這時候團隊小組長A突然開口問道。

A：「對了！你們平時都是基於什麼標準來挑選基礎調味料？」

B：「我通常想都不想，習慣買平時常用的。」

C：「就算有很多不同廠牌，我還是會買熟悉的產品。」

D：「我都是一直使用跟父母家相同的廠牌。」

B：「確實，我不太在意各個廠牌味道或風味的差別。」

A：「說的也是。不過，其實味道並沒有多大差異？」

C：「平常沒想過這個問題，或許真的如此。」

D：「……說不定是因為沒試過其他廠牌的調味料。」

B：「這麼說也對。沒有試過其他廠牌，所以才不知道味道有沒有差別。」
A：「或許還有其他不在意味道差異的理由？」
C：「這個重點或許可以成為我們思考宣傳促銷計畫的提示？」
A：「……啊，下一場會議快開始了。我們下次開會再繼續討論這個問題吧！」

第一次的會議在這裡結束。如果是你，會怎麼記錄這場會議的重點呢？每個人寫筆記的方式都不盡相同，但我十分推薦從以下這個觀點來思考，「讓明天的我更容易把自己的『想法及意見』言詞化」。

這次的會議中，我認為最重要的發現是「選購基本調味料時，在意不同廠牌風味差異的人很少」這一點。如果是我，會為「明天的我」寫下這項重點資訊。

Q：為什麼不在意不同廠牌風味差異的人這麼多？

也許你已經發現了，這正是我們在第四章的言詞化訓練時，一再出現的「提問」形式。只要有這一行訊息，開會隔天後，你就可以針對這個問題，進行將想法與意見轉化為言詞的作業。之後，你只需針對這個題目，不斷地把你的想法輸出成筆記就可以了。

言詞化能力的提升，最重要的關鍵點就是能不能從平時的工作中，持續地對自己發問。平時就以問句的形式寫下筆記，就能讓言詞化訓練自然而然成為習慣，我個人十分推薦，也建議大家身體力行。

對一切事物保持「爲什麼？」的態度

小孩子成長到了某個時期，會不斷地問父母或大人「為什麼」，也就是所謂的「好奇寶寶時期」。只要身邊曾有幼小的孩童，相信必定曾經歷過這樣的時期。

而這些小孩子的問題中，也有許多成人無法立即回答的問題，例如孩子指著陌生人問：「為什麼他在生氣？」或是指著路上行駛的汽車問：「為什麼那一輛車是紅的？」當孩子天真地提出這些無法回答的問題時，你應該也會煩惱著不知如何回答才好，對吧？

不過，孩子並不是基於惡作劇而發問，只是單純地「想知道」。這股「想知道」的心理，如果長大成人後能夠繼續保持，就是訓練言詞化能力的契機。

有一位我很尊敬的前輩，對於日常生活中所看到的廣告，有經常自問「為什麼？」的習慣。

當看到廣告時，他會問自己，為什麼有這樣的感受？為什麼這個廣告會下這樣的廣告詞？為什麼這個廣告會這麼設計？

帶著「為什麼？」的意識過生活，也就是在生活中時常對自己提問，然後藉由不斷自我提問，就能持之以恆地把感受加以言詞化。

保有這樣的習慣，就能讓你對於內在形形色色的主題持有的想法及意見，以言詞的形式保存下來，日積月累的結果，就能達到本書的目標：具備秒回表達力。

當然，你要跨出的第一步，就是本書所介紹的言詞化訓練。對於自己擬定的問題刻意練習、寫成筆記，你的想法及意見就容易轉化為言詞，這是我身為文案撰寫人的親身體驗。

只不過，要進行這個書寫筆記的練習，首先要從建立提問開始。而建立提問，則是必須在每天的日常生活中，經常打開接收的天線，問自己「為什麼」。

成年人與剛剛提到的幼齡兒童不一樣，長大後很容易對於世界上的一切覺得理所當然。在職場上，特別是工作上習以為常後，對於日常的業務很少會抱持懷疑，認定「從以前就一直是這樣」、「大家都是這麼做」，想都沒想地進行作業。

正因為如此，我們平時更要時時注意並自問「為什麼」，以長期的眼光來看，養成這個習慣，將成為有效提高你言詞化能力的引擎。

結語

表達的初衷，是希望能打動人心

明明有千言萬語，卻無法化為言詞表達出來。

在會議中被問到「你有什麼看法？」卻張口結舌。

明明有話想告訴對方，卻不知怎麼開口才好。

腦袋裡隱隱約約有些想法，卻找不到適當的言詞來表現。

──為了幫助有這些煩惱的讀者解決困擾，我提筆寫下本書。

讀到這裡，你的感想是什麼呢？如果能讓你產生「我似乎明白了言詞化的訣竅」、「可以自己進行簡單的言詞化訓練」，只要些許有這樣的感受，將是我最大的喜悅。

讓我再稍微談一下自己的私事。

在這十幾年當中，我一直從事廣告文案的撰寫工作。學生時代從未學習過有關文案撰寫的科目，進入公司被分配到撰寫文案一職後，幾乎全憑自己摸索而逐漸成為受到認可的專業文案撰寫人，這段歷程可說是嘗盡苦頭。

在這十幾年當中，能讓我咬牙克服難關，是因為希望自己所寫的文案能夠受到喜愛。帶領我的前輩、與我協商的客戶以及許許多多的消費者，希望他們多少能被我的文案打動。

懷著這樣的心態的工作過程中，很幸運的受到許多主管、前輩、同事的協助以及許許多多的客戶照顧，我才能直到今日依然從事文案撰寫工作。

另一方面，我確實也感受到廣告文案撰寫工作是個非常特殊的職業。廣告這個領域本身就極為特殊，其中的文案撰稿人更是一個十分特殊的工作。我其實也十分煩惱從二十多歲到四十歲以前所做的努力，以及從中學到的領悟，能對今後多數的社會大眾幫得上多少忙？

這次受邀「撰寫以言詞化為主題的書籍」時，我依然記得一開始感到困惑不已：為什麼會找上我？我對於言詞化能力並沒有專門的研究，而且也不曾想過究竟有多少上班族有著「不知如何好好表達」的煩惱。

不過，在完成本書的此刻，對於「該如何訓練言詞化能力？」的提問，我透過自身撰寫文案經驗的感受以及本著自身的經驗，已能把具體的訓練方法，藉由本書與大家分享。

本書的性質，並不是只要看完一次就能立竿見影，立刻提升表達能力的書籍。但是，只要今後持之以恆地練習本書所介紹的練習方法，我深信必定能產生效果。書中並沒有機會寫到我曾寫過的廣告文案，不過，若是我所寫的這些內容，對於解決你的煩惱有幫助，我便能由衷地感到「從事這個工作實在是太棒了」。

話說最近曾在某次會議中，我提到「文案撰稿人的職業，因為太偏狹，要轉行似乎沒什麼機會？」沒想到有人對我說：「沒這回事，許多不同行業的人都對『表達』很傷透腦筋喲！」讀了本書後，若是你也感受到「原來文案撰稿人也能為我解答這些煩惱」、「不只是廣告，各種有關如何表達的討論也行」，希望你也能跟身邊從事文案撰寫的工作者諮詢有關「好好表達」的煩惱。

最後，衷心感謝提供我這個寶貴機會的編輯，以及從旁協助我、讓我有充分寫作時間的家人及親友。

荒木俊哉

富能量 084

秒回表達力

會議提案、談判說服都能無往不利的臨場反應練習

作　　者：荒木俊哉
譯　　者：卓惠娟
責任編輯：賴秉薇
文字協力：楊心怡
封面設計：木木 lin
內文排版：王氏研創藝術有限公司

總 編 輯：林麗文
主　　編：高佩琳、賴秉薇、蕭歆儀、林宥彤
行銷總監：祝子慧
行銷企畫：林彥伶

出　　版：幸福文化／
　　　　　遠足文化事業股份有限公司
地　　址：231 新北市新店區民權路 108-3 號 8 樓
網　　址：https://www.facebook.com/
　　　　　happinessbookrep/
電　　話：（02）2218-1417
傳　　真：（02）2218-8057

發　　行：遠足文化事業股份有限公司
　　　　　（讀書共和國出版集團）
地　　址：231 新北市新店區民權路 108-2 號 9 樓
電　　話：（02）2218-1417
傳　　真：（02）2218-8057
電　　郵：service@bookrep.com.tw
郵撥帳號：19504465
客服電話：0800-221-029
網　　址：www.bookrep.com.tw

法律顧問：華洋法律事務所　蘇文生律師
印　　刷：中原造像股份有限公司
電　　話：（02）8954-1275
初版一刷：2024 年 1 月
初版五刷：2024 年 7 月
定　　價：380 元

秒回表達力：會議提案、談判說服都能無往不利的臨場反應練習 / 荒木俊哉著；卓惠娟譯 . -- 初版 .
-- 新北市 : 幸福文化出版 : 遠足文化事業股份有限公司發行 , 2024.01
　面；　公分
ISBN 978-626-7311-95-0(平裝)
1.CST: 溝通技巧 2.CST: 說話藝術 3.CST: 思考
177.1　　　　　　112020884

讀者回函卡

感謝您購買本公司出版的書籍，您的建議就是幸福文化前進的原動力。請撥冗填寫此卡，我們將不定期提供您最新的出版訊息與優惠活動。您的支持與鼓勵，將使我們更加努力製作出更好的作品。

讀者資料

●姓名：＿＿＿＿＿＿ ● 性別：□男　□女　●出生年月日：民國＿＿年＿＿月＿＿日

●E-mail：＿＿＿＿＿＿＿＿＿＿＿＿＿＿

●地址：□□□□□ ＿＿＿＿＿＿＿＿＿＿＿＿＿＿

●電話：＿＿＿＿＿＿ 手機：＿＿＿＿＿＿ 傳真：＿＿＿＿＿＿

●職業：　□學生　□生產、製造　□金融、商業　□傳播、廣告

□軍人、公務　□教育、文化　□旅遊、運輸　□醫療、保健

□仲介、服務　□自由、家管　□其他

購書資料

1. 您如何購買本書？□一般書店（　　縣市　　　書店）

□網路書店（　　　　書店）　□量販店　□郵購　□其他

2. 您從何處知道本書？□一般書店　□網路書店（　　　　書店）　□量販店　□報紙□廣播　□電視　□朋友推薦　□其他

3. 您購買本書的原因？□喜歡作者　□對內容感興趣　□工作需要　□其他

4. 您對本書的評價：（請填代號 1. 非常滿意 2. 滿意 3. 尚可 4. 待改進）

□定價　□內容　□版面編排　□印刷　□整體評價

5. 您的閱讀習慣：□生活風格　□休閒旅遊　□健康醫療　□美容造型　□兩性

□文史哲　□藝術　□百科　□圖鑑　□其他

6. 您是否願意加入幸福文化 Facebook：□是　□否

7. 您最喜歡作者在本書中的哪一個單元：＿＿＿＿＿＿＿＿＿＿＿＿

8. 您對本書或本公司的建議：＿＿＿＿＿＿＿＿＿＿＿＿

請沿虛線剪下，黏貼好後，直接投入郵筒寄回

廣　告　回　信
臺灣北區郵政管理局登記證
第　1 4 4 3 7　號

請直接投郵，郵資由本公司負擔

23141

新北市新店區民權路 108-3 號 8 樓

遠足文化事業股份有限公司　收

秒回表達力

瞬時に「言語化できる人」が、うまくいく

荒木俊哉——著

〈株式会社電通 廣告文案撰稿人〉

幸福文化　書名　秒回表達力　富能量 084